Das
Bankwesen in Preußen

mit Bezug auf die

Cabinetsordre vom 11. April 1846.

Von

Bülow-Cummerow.

Berlin.

Verlag von Veit und Comp.

1846.

Das Bankwesen in Preuszen.

Der Sr. Majestät dem Könige von mir überreichte Plan zur Errichtung einer preußischen Landes-Zettelbank hat, da er nicht nur geeignet war, die jetzige Geldcalamität zu mildern, sondern überhaupt als eine Lebensfrage für die materielle Entwickelung in Preußen betrachtet werden konnte, in so hohem Grade das allgemeine Interesse des Publikums in Anspruch genommen, und zu so vielen und lebhaften Diskussionen in der Presse von ganz Deutschland geführt, daß ich es jetzt, wo Rücksichten der Schicklichkeit mich nicht mehr binden, für meine Pflicht halte, dem Lande gleichsam Rechenschaft davon abzulegen, was ich beabsichtigte, welche Bewegungsgründe mich dabei geleitet haben, wie weit ich in der Vertheidigung dieser großen nationalen Angelegenheit gegangen bin, welches die Ergebnisse der von mir fünf Vierteljahr hindurch geführten Verhandlungen mit den Behörden sind, und was noch zu fürchten, zu hoffen und zu thun übrig bleibt.

Man hat früher von einigen Seiten her mit Ungestüm von mir verlangt, ich sollte meine Pläne zur öffentlichen

Kenntniß bringen. Dies war sehr thöricht und unvernünftig; denn es war leicht zu begreifen, daß es sich von Hause aus vor Allem um die Entscheidung der Vorfrage handelte, ob das Bank-Monopol des Staats erhalten, oder ob es dem Volke erlaubt werden sollte, seine Geldangelegenheiten selbst zu führen. Erst wenn hierüber allerhöchsten Orts entschieden war, konnte der Plan selbst vollständig entworfen werden; bis dahin war es nur zweckmäßig, Andeutungen zu geben und Anerbietungen zu machen. Man hat durch Verläumdungen und Schmähungen mich zum Reden zwingen wollen; ich habe durch Verachtung darauf geantwortet. Die Sache, die ich führte, war die des Landes; von dem glücklichen oder unglücklichen Erfolge hing, nach meiner Ueberzeugung, die Entfernung einer drohenden Calamität und die Förderung der materiellen Wohlfahrt eines großen Theils des Volks ab, daher mußte ich einstweilen meine Person zum Opfer bringen (was ich jedoch nicht allein mit Beziehung auf die kleinen Zeitungsschreiber sage —).

Doch ich erlaube mir, jetzt erst eine kurze Geschichtserzählung voranzusenden.

Im December des Jahres 1844 war es, wo ich meine Anträge wegen Errichtung einer Bank Sr. Majestät dem Könige überreichte.

Schon seit vielen Jahren hatte ich versucht, die öffentliche Aufmerksamkeit auf die Nothwendigkeit der Gründung von Bankinstituten hinzurichten, wie sie in allen, in der materiellen Entwickelung vorgeschrittenen Ländern Europa's, Preußen fast allein ausgenommen, bestehen; daß ich aber am Schluß des Jahres 1844 direkte Anträge in dieser Beziehung bildete, dazu bestimmten mich triftige Gründe. Bekanntlich waren vor etwa 5 bis 8 Jahren die Pfandbriefs-Zinsen in den alten Provinzen der Monarchie und im Posenschen von 4 pCt. auf 3½ heruntergesetzt, eine Operation, die in ihrer Allgemeinheit aus dem finanziellen Gesichtspunkte nicht zu billigen war, da dies, wenigstens in den meisten Provinzen, noch nicht der natürliche — das heißt: der aus dem zunehmenden Reichthum hervorgegangene — sondern ein künstlich erzwungener Zinsfuß war. Im Jahre 1842 folgte die Staatsschulden-Verwaltung diesem Beispiele der Zins-Reduktion, eine Operation, die bei Privaten zu entschuldigen gewesen wäre, aber als Finanzoperation einer Regierung hierauf keinen Anspruch machen kann, da diese nie die allgemeinen und großen Interessen des Landes unberücksichtigt lassen sollte. Auch wäre sie schwerlich durchgeführt worden, wenn die Finanzpartie nicht so zerrissen wäre. Die Folge von diesem Herunterdrücken des Zinsfußes von mehreren hundert Millionen Thalern Staats- und Communal-Papieren konnte nur die Wirkung haben, daß eine Menge Kapitalien aus dem Lande strömten, um sich einen besseren Zinsgenuß zu sichern.

Unmittelbar darauf wurde, ohne gehörige Berechnung der Hülfsquellen des Landes, ein so ausgedehnter Bau von Eisenbahnen beschlossen, daß nicht nur das Geld zum Bau so vieler auf einmal unternommener Bahnstrecken fehlen mußte, sondern auch zugleich dem Ackerbau, dem Handel und den Gewerben die ihnen nöthigen Kapitalien auf eine für sie höchst drückende Weise entzogen wurden. Dazu kam noch, daß durch die Ermunterung zum Bau von Seiten der Regierung und durch die zu leichten Bedingungen, welche gestellt wurden, ein Actien-Schwindel hervorgerufen ward, der nur dazu beitragen konnte, das Uebel zu steigern.

Da ich nun am Ende des Jahres 1844 deutlich erkannte, welcher Geld-Calamität das Land entgegen ginge, und welchen traurigen Einfluß dies auf den Wohlstand der Nation haben würde, so entschloß ich mich die schleunige Errichtung von Landes-Banken zu beantragen, als das einzige durchgreifende Mittel, den erschütterten Credit wieder herzustellen, die mangelnden Cirkulationsmittel zu schaffen und dem Ruin von vielen Tausenden von Familien vorzubeugen. Daß wenig Hoffnung auf günstigen Erfolg vorhanden war, durfte ich mir nicht verhehlen; denn einmal befinden wir uns in allen finanziellen und volkswirthschaftlichen Beziehungen noch zu sehr in der Kindheit, um zu erkennen, was uns Noth thut, und zum andern war ein heftiger Kampf der Bureaucratie dagegen vorauszusehen, da sie von der Ansicht ausgeht, alle Angelegenheiten des preußischen Volkes allein leiten zu müssen. Nur zu bald bestätigte sich die Richtigkeit dieser meiner Ansicht; denn bei der mannigfachen Besprechung über den Bankplan ergab es sich, daß selbst so viele, in anderen

Fächern wohl unterrichtete Männer keinen klaren Begriff von dem Nutzen von Banken hatten, weshalb ich die in der Anlage A. enthaltene, freilich nur oberflächliche, Brochüre in hundert Exemplaren vertheilte. Noch mehr bestätigte sich meine zweite Befürchtung hinsichts der Opposition der Behörden.

Se. Majestät der König, stets geneigt, die Leiden seiner Unterthanen zu mildern, hatte meinen Plan dem Staatsministerium zur Begutachtung zugesandt. Als Hauptgegner trat sofort der Minister Rother auf. Zwar erkannte auch er das Bedürfniß und die Nothwendigkeit, hülfreich einzuschreiten an, allein er verlangte, um dies zu können, eine Erweiterung der Königlichen Bank und die Aufrechthaltung des Geldmonopols des Staats.

In einem gedruckten Manuscripte, welches ich dem Staats-Ministerio überreichte, und welches die Anlage B. enthält, bewies ich nun, wie wenig eine Königliche Bank überhaupt geeignet sei, die Geldangelegenheiten eines großen Volks zu besorgen, am wenigsten aber eine solche, die, wie die unsrige, ohne eigene Fonds, nur mit fremdem Gelde ihre Geschäfte betreibt und die, obgleich sie einen zinsfreien Vorschuß von zwei Millionen Thalern aus dem Staatsschatz benutzt und außerdem sich des Zinsgenusses von sechs Millionen Kassen-Anweisungen erfreut, noch fortwährend bemüht ist, alte Schulden abzutragen. Ich führte ferner an, daß alle Staatsbanken in ganz Europa, die unsrige nicht ausgenommen, zahlungsunfähig geworden wären, die österreichische und dänische jede mehrere Male, daß man mit Ausschluß von Rußland und Preußen in allen übrigen Staaten längst zu Privatbanken übergegangen wäre u. s. w.

Unterdessen fand mein Plan auch von vielen Seiten her kräftige Unterstützung, unter andern auch von dem Minister der Finanzen und dem Präsidenten des Handels-Amtes. Als die kräftigste Unterstützung erschien aber die zunehmende Geldnoth, die Verlegenheit der Gewerbe, die Unterbrechung der Eisenbahnbauten und das Sinken sämmtlicher Papiere, und wirklich gewann es dadurch einige Zeit das Ansehen, als wenn die große Calamität des Landes doch Berücksichtigung finden sollte, und daß man sich nicht länger entziehen könne, der Wohlfahrt des Volks einige administrative Maximen zum Opfer zu bringen. In dieser Zeit war es denn auch, in welcher ich auf eine erneuerte Immediat-Eingabe von Sr. Majestät die Aufforderung erhielt, einen Entwurf zu einem Statut behufs etwaniger Berathung mit dem Ministerio einzureichen, welchen ich hier in der Anlage C. anschließe. Inzwischen erfolgte diese nicht, dagegen steigerte sich die Opposition von Seiten des Ministers Rother, und er selbst trat jetzt mit Vorschlägen zur Erweiterung der Königlichen Bank hervor, welche denn auch jetzt durch die Cabinetsordre vom 11. April die Königliche Bestätigung erhalten haben. Inzwischen unterließ ich es nicht, mich gegen Se. Majestät mit Freimüthigkeit über die nachtheiligen Folgen des Planes des

Ministers Rother und über die großen Mängel unseres ganzen Finanz-Organismus auszusprechen. In Folge dessen geruhten Se. Majestät in Ihrer Hochherzigkeit, mich zu einem persönlichen Vortrag in Gegenwart der Herren Minister aufzufordern. Bei dieser unter dem Vorsitz Sr. Majestät abgehaltenen Sitzung waren gegenwärtig: die Herren Minister Thiele, Rother, Bodelschwingh, Canitz, Uhden, Flottwell, der Präsident Rönne und der Geheime Rath Mac-Lane.

Da es nicht geeignet scheint, meine Eingabe an Se. Majestät den König und die an mehrere der Herren Minister überreichten Schreiben zu veröffentlichen, so werde ich hier, um das Publikum wenigstens mit den wesentlichsten Punkten des vorgelegten Bankplanes bekannt zu machen, den von mir gehaltenen Vortrag wörtlich mittheilen.

„Ew. Königl. Majestät sage ich meinen allerunterthänigsten Dank, daß es mir gestattet ist, unmittelbar zu Ihrer Kenntniß einen Plan zu bringen, der eben so großen Einfluß auf die Wohlfahrt des Landes, als auf die Vermehrung der Staats-Einnahmen und die Sicherung des Staats-Credits in guten und bösen Zeiten haben wird.

„Ich spreche dies mit der Zuversicht aus, die man in sich fühlt, wenn man etwas vollkommen übersieht, und berufe mich darauf, daß ich in meinen Schriften den günstigen und ungünstigen Erfolg so mancher finanziellen Operationen auf das Bestimmteste vorausgesagt habe.

„Vor Allem glaube ich Ew. Königl. Majestät Rechenschaft von den Grundsätzen geben zu müssen, von welchen ich bei Entwerfung des Planes ausgegangen bin. Da ich weiß, wie Ew. Königl. Majestät mit gleicher Liebe alle Klassen Ihres Volks umfassen, so habe ich auch den Plan so eingerichtet, daß dieser Zweck möglichst erreicht werde.

„Die Aufgabe eines Staatsmannes und Finanziers ist es vor Allem, die Wirkung großer Maaßregeln zu vervielfachen und die höhern Interessen der Regierung auf eine innige Weise mit denen des Volks zu vereinigen. Bei dem Plan selbst habe ich die Erfahrungen, welche über Banken in neuern Zeiten gemacht sind, benutzt und sie unserer Staatsverfassung und unsern Verhältnissen angepaßt.

„Welchen wohlthätigen Einfluß es auf den Flor des Ackerbaues, des Handels und der Gewerbe übt, wenn diese drei großen Hebel des National-Reichthums, vor dem Wucher geschützt, sich eines gesicherten Credits, billigen Geldes erfreuen, so wie des zum Betriebe ihrer Gewerbe nöthigen Geldes — dies bestätigt die Erfahrung anderer in der Industrie vorgerückter Staaten. Ja, ich muß es auf das Bestimmteste aussprechen, ein höherer Aufschwung der Industrie und eine allgemeine Wohlhabenheit des Volks ist nur da möglich, wo sich unter der Oberaufsicht des Staats große Privat-Kapitalien zu diesem Zwecke anhäufen, und wo die Einrichtung getroffen ist, daß, je nachdem die Bedürfnisse es fordern, durch Banknoten die Cirkulationsmittel vermehrt oder zurückgezogen werden können. Allein durch meinen Plan und durch die Anerbietungen, die ich weiterhin machen werde, beschränkt sich der Nutzen, welchen diese Institution gewähren wird, nicht blos auf Förderung der allgemeinen Staatszwecke, sondern sie gewährt der Regierung auch große direkte Vortheile, beseitigt wesentliche Gefahren und vermehrt den Wohlstand des Volks, die Einnahmen der Regierung.

„Doch Ew. Königl. Majestät wollen mir erlauben, jetzt zu den wesentlichsten Punkten des Planes selbst übergehen zu dürfen.

„Mein allerunterthänigster Antrag geht dahin:

> „daß Ew. Königl. Majestät geruhen wollen, einer Actien-Gesellschaft die Concession zu ertheilen, eine Landes-Zettelbank zu gründen, welche in Berlin ihren Sitz hat, sich aber über alle Provinzen verbreitet, um den Geldumlauf in alle Adern des großen Staatskörpers gleichmäßig zu vertheilen.

„Ein Actien-Kapital von 25 Millionen Thalern, welche in kurzen, näher zu bestimmenden Fristen baar eingeschossen werden müssen, so wie die Erlaubniß zur Ausgabe einer gleichen Summe von Noten würde nöthig, aber auch für den Augenblick zureichend sein, um, richtig verwandt, den Verkehr zu beleben und den Credit zu befestigen: wobei ich mir zu bemerken erlaube, daß von den 25 Millionen baar eingeschossenen Kapitalien etwa 25 pCt. zur Sicherung der Realisation baar im Tresor der Bank zurückbehalten werden müssen; mithin das umlaufende Kapital sich um so viel vermindern und auf einige vierzig Millionen beschränken würde.

„Zu zwei der eben berührten Punkte halte ich mich verpflichtet, noch die Motive zu geben.

„Daß die Bank sich nicht auf Berlin allein beschränken darf, sondern sich über alle Theile verbreiten muß, ist von der höchsten Wichtigkeit, denn sonst würde sich der ganze Geldmarkt Preußens auf Berlin concentriren und den Provinzen die größten Nachtheile bringen; dies hier theoretisch zu entwickeln, würde ein Mißbrauch der Huld sein, welche es mir gestattet, Ew. Königl. Majestät den Gegenstand persönlich vorzutragen; inzwischen kann ich den Beweis faktisch führen.

„In Oestreich giebt es nur eine Bank von Wien, und so wohlthätig diese auch für die Förderung des Verkehrs in Wien und der Umgegend wird, so nachtheilig wirkt sie auf den Geldverkehr von Prag und andern großen Städten der Monarchie, welche nun ihren, mit bedeutenden Kosten verbundenen Credit in der Hauptstadt suchen müssen. Noch sprechender hat sich diese Behauptung in Frankreich bestätigt.

„Die von Napoleon gegründete Bank von Frankreich beschränkte sich ursprünglich auf Paris, worunter die Provinzen sehr litten. Ihre Klagen veranlaßten die Errichtung von Filial-Banken, und seitdem hat sich der Verkehr verfünf- und versiebenfacht, und nach den öffentlichen Bekanntmachungen macht die Bank von Paris jetzt über tausend Millionen Activ-Geschäfte, wodurch sich die Staats-Revenüen nach einem mäßigen Ansatz um 50 bis 60 Millionen Francs vermehrt haben.

„Was den von mir vorgeschlagenen Kapitalsstock von 25 Millionen betrifft, so scheint er zwar für den Augenblick genügend, wird aber voraussichtlich mit der Zeit mindestens verdoppelt werden müssen. Daß die Bank dies kann, darin liegt einer der vielen Vorzüge einer Privat-Bank vor den Staatsbanken.

„Hier auf eine nähere Erörterung der organischen Gesetze einzugehen, durch welche die von mir beabsichtigte Bank ins Leben gerufen werden soll, fürchte ich, würde zu weit führen und ihre Prüfung wohl dem competenten Ministerio überlassen bleiben müssen; dagegen wird es nöthig sein, die Verpflichtungen anzugeben, welche die Societät zu übernehmen bereit ist, so wie den Umfang der Staats-Controle näher zu bezeichnen, um die Leitung der Regierung zu sichern.

„Vorher muß ich mir aber noch erlauben, mich über die Art und Weise zu erklären, wie die Institution mit Vorsicht ins Leben gerufen werden muß.

„Ew. Königl. Majestät ist es bekannt, welche Spielwuth sich im großen Umfange des Publikums bemächtigt hat, und nimmermehr kann es Ihr Wille sein, dieser in einer so höchst wichtigen Sache neue Nahrung zu geben; im Gegentheil muß und kann dahin gewirkt werden, daß durch eine Regelung des Geldmarktes die Geschäfte wieder solider und die Börse von ihren jetzigen unwürdigen Besuchern gereinigt werde. Um mich von dem Stande der Börse selbst zu überzeugen, besuchte ich diese vor einigen Wochen, sah mich aber in eine Gesellschaft versetzt, die einen solchen Eindruck auf mich machte, daß meine Hand unwillkürlich meine goldene Dose aus der Schooßtasche in die Seitentasche versetzte. Die achtbaren Kaufherren, die ich dort zu finden sonst gewohnt war, hatten sich fast ganz von ihr zurückgezogen.

„Um nun der Bank, die auf Vertrauen beruht, von vorn herein einen soliden Charakter zu geben, halte ich es für unerläßlich, wenigstens die ersten zehn Millionen nicht der wilden Concurrenz durch Auslegung von Blättern auf der Börse zu überlassen, sondern zu dieser Zeichnung nur die solidesten Banquierhäuser, Gutsbesitzer und Privatpersonen aus allen Theilen der Monarchie zuzulassen; dagegen, wenn diese 10 Millionen gezeichnet sind und die Gesellschaft constituirt ist — erst dann würde wegen der Art der Zeichnung der übrigen 15 Millionen Allerhöchst zu verfügen sein.

„Ich halte diesen Vorschlag um so zweckmäßiger, da sonst gewöhnlich eine kleine Anzahl von Banquiers sich des Ganzen bemächtigen, unter sich und ihre Freunde vertheilen und damit Agiotage treiben.

„Einer Societät, der ein nutzbares Privilegium ertheilt wird, können dagegen auch Lasten auferlegt werden. Diese würden nun darin bestehen, daß sie etwa von ihrem Gewinn ein Fixum zahlte. Diese Tantième würde immer sehr unbedeutend bleiben; daher erlaube ich mir, ein großartigeres Anerbieten zu machen, welches darin besteht, von Seiten der Societät die 25,700,000 Thaler Kassen-Anweisungen gegen Behändigung von 16 Millionen jetzt für diese deponirte Staatsschuldscheine zu übernehmen, so daß sich dadurch die Staatsschuld selbst um nahe an 10 Millionen verminderte. Der bedeutendste Vortheil, welcher der Regierung aus diesem Anerbieten erwachsen würde, findet sich darin, daß sie sich der Gefahr entzieht, im Falle eines Krieges diese Kassen-Anweisungen realisiren zu müssen, wozu ihr dann die Mittel fehlen, und sie daher in die größte Verlegenheit gerathen würde.

„Ich glaube, mich der Auseinandersetzung der Folgen, die aus einer Zahlungsunfähigkeit entstehen könnten, überheben zu dürfen; muß aber noch hinzufügen, daß einmal die Zurücknahme der Kassen-Anweisungen und ihre Verwandlung in Bankscheine, welche an deren Stelle treten würden, um die Regierung von aller Vertretung zu befreien, nur allmählig und ratenweise, etwa in einem Zeitraume von 8 Jahren erfolgen könnte, so wie daß eine Vermehrung des Kapitalstocks der Bank um 5 Millionen dann nöthig scheint, über welchen letztern Punkt jedoch auch noch andere Theilnehmer des Planes gehört werden müßten.

„Eine zweite Verpflichtung, welche die Bank nach §. 11. des Entwurfs des Statuts zu übernehmen sich bereit erklärt hat, wird einen großen und wohlthätigen Einfluß auf die Grundbesitzer in den Provinzen Ost- und Westpreußen, Oberschlesien, Hinterpommern und selbst in manchen Gegenden an der Eifel und am Rhein haben.

„Die Bank übernimmt es in diesem Paragraphen, fünf Millionen zur Unterstützung der Grundbesitzer zu verwenden, und zwar von diesen $2\frac{1}{2}$ Millionen zu Meliorationen und 1,660,000 Thaler zur Erhaltung des Courses der Pfandbriefe.

„Wenn Ew. Königl. Majestät untersuchen lassen, welches der Hauptgrund ist, weshalb der Wohlstand mancher Provinzen noch wenig vorgeschritten ist, so liegt dieser darin, daß die Cultur des Bodens so weit zurückgeblieben und daß in diesen Landestheilen noch hunderte von Quadratmeilen unbenutzt und wüst liegen.

„Der wesentlichste Grund, daß dem so ist, findet sich in dem Mangel an Credit und an Betriebs=Kapital. Nach den Ermittelungen, welche darüber von den ökonomischen Gesellschaften angestellt sind, werden in der Regel in etwa drei bis vier Jahren, mit 10 bis 20 pCt. Culturkosten, 100 pCt. Grundwerth geschaffen; es ist daher mit Bestimmtheit anzunehmen, daß diese 2½ Millionen, welche nach meinem Plane zu 4 pCt. Zinsen zur Verfügung der Oberpräsidenten gestellt werden sollen, wenigstens 5 Millionen Grundwerth jährlich schaffen und so diesen Provinzen dauernd aufhelfen werden.

„Dies und den großen Nutzen, welchen es haben wird, wenn die Pfandbriefe auf Pari gehalten werden, weiter auszuführen — wird mir wohl nicht erlaubt werden?

„Ein anderweitiger wichtiger Punkt betrifft die Einführung einer scharfen und zweckmäßigen Controle, durch welche, ohne die freie Bewegung der Bank einzuengen, dem Mißbrauch vorgebeugt wird, welcher sonst möglicherweise einreißen kann.

„Der Einfluß einer Bank auf den Gesammtverkehr ist ein so wichtiger, daß ich eine doppelte Controle für unerläßlich halte, und zwar einmal die der Regierung, welche dahin gerichtet sein muß, daß die Bestimmungen des Grundgesetzes erfüllt werden, namentlich daß die Realisationsmittel für die ausgegebenen Banknoten stets bereit liegen, daß bei allen wichtigen Vorkommenheiten diesen die Sanction ertheilt werde, und daß man stets in der Kenntniß und Uebersicht des ganzen Betriebs bleibe.

„Aber es giebt Fälle, wo die Controle der Regierung nicht ausreicht; daher muß zum andern auch die des Publikums hinzutreten, und zwar durch Censoren aus dem Handelsstande genommen, die das Recht erhalten, Kenntniß von allen Geschäften zu nehmen, mit denen man oft wechselt, und die darauf zu wachen haben, daß nicht einzelne Häuser sich zum Nachtheil des Ganzen mit der Bank-Direction verständigen und gewisse Geschäfte monopolisiren.

„Wie ernst es mir ist, die Bank nicht unter eine nominelle, sondern wirkliche Controle der Regierung zu stellen, beweiset endlich der in dem Entwurfe des Statutes gemachte Antrag, daß Ew. Königl. Majestät geruhen möchten, einen Kanzler und einen Vicekanzler der Bank zu ernennen, die aus dem Fonds dieser Institution besoldet, diese Controle nicht als ein bloßes Nebengeschäft, sondern als Hauptgeschäft betreiben.

„Aus dem bisher Vorgetragenen glaube ich, geht klar hervor, daß jedenfalls eine Bank-Institution, wie die von mir beantragte, bei dem unendlichen Nutzen, welchen sie dem Lande gewährt, der Regierung nicht die Geldmacht im Staate entzieht, sondern sie ihr eigentlich recht zuführt.

Jetzt ist diese mehr oder weniger in den Händen der Banquiers und die Regierung bei dem Mangel an Institutionen, die den Credit stützen, oft gezwungen, den hülfsbedürftigen Landestheilen directe Unterstützungen zu gewähren; noch öfters befindet sie sich in der Lage, bedeutende Summen aus den Staatskassen zur Aufrechterhaltung des Courses der Staatspapiere zu verwenden, wodurch sich die Regierung ihrer baaren Geldmittel beraubt sieht, ohne irgend einen andern Erfolg zü erzielen, als augenblickliche Noth abgewandt zu haben.

„Vor Allem halte ich mich verpflichtet, Ew. Königl. Majestät Aufmerksamkeit darauf zu richten, wie schmerzlich es empfunden werden würde, wenn Preußen in der Folge in einen Krieg verwickelt werden sollte, ohne im eigenen Lande Institutionen zu besitzen, bei welchen es Credit nehmen könnte, sondern seine Negocen wieder, wie früher, mit unerhörten Opfern im Auslande machen zu müssen gezwungen wäre.

„Von allen wichtigen Fragen, die in diesem Augenblick der Entscheidung Ew. Königl. Majestät vorliegen, giebt es keine wichtigere als diese. Politische Gründe, sich der Regelung der Geldverhältnisse und der Förderung der materiellen Wohlfahrt entgegen zu stellen, giebt es nicht, im Gegentheil sind politische Veranlassungen, äußere und innere, vorhanden, die Finanzlage der Unterthanen und der Regierung zu verbessern und zu befestigen.

„Daher wende ich mich nicht allein an Ew. Königl. Majestät landesväterliche Huld, Ihr Volk mit einer Institution zu beschenken, die man allgemein als ein dringendes Bedürfniß anerkennt; sondern auch an Ew. Königl. Majestät staatskluge Einsicht, die Gelegenheit zu benutzen, sich der Realisationsverpflichtung von 25,700,000 Thaler Kassen-Anweisungen zu entziehen, die große Verlegenheiten hervorrufen kann.

„Ob gegen meinen Plan Bedenken stattfinden, ist mir gänzlich unbekannt; sollte dies wirklich der Fall sein, so bitte ich, daß Ew. Königl. Majestät die Gnade haben wollen, sie mir mitzutheilen, damit ich im Stande bin, sie zu beseitigen. In dem Vorhandensein einer Königl. Bank kann wohl kein Bedenken liegen: Niemand denkt daran, dieser je nahe zu treten.

„Wie wenig aber eine solche im Stande ist, das gesteigerte Bedürfniß des Verkehrs zu befriedigen, hat eine vieljährige Erfahrung bewiesen; während sie in der neuesten Zeit nicht vermocht hat, von den Börsen von Berlin und Breslau die verderblichen Folgen einer Geldkrisis zu entfernen, so ist dies der Privatbank von Pommern größtentheils gelungen.

„Wenn behauptet werden sollte, daß die Königl. Bank mit den großen Prärogativen, welche sie genießt, sich einer Privatbank gegenüber nicht halten kann, so würde hierin wohl der vollständigste Beweis liegen, wie wenig Grund vorhanden sei, ihr eine Institution zu opfern, die dem Lande so große Vortheile verspricht.

„Ew. Königl. Majestät Allerhöchsten Befehl erwarte ich, ob vielleicht jetzt noch der Entwurf des Statuts in Ihrer Gegenwart verlesen und berathen werden soll?

„Die feste Ueberzeugung, daß die von mir beantragte Bank Tausenden von Familien ihr Vermögen rettet, den gesunkenen Wohlstand in einigen Landestheilen wieder zu heben vermag und daß durch ihre Vermittelung der großartige Bau von Eisenbahnen, ohne die Gewerbe zu drükken, ausgeführt werden kann — führt mich nicht allein hier zu den Stufen des Throns, sondern vor Allem die weitere Ueberzeugung ihres Einflusses auf die Festigkeit des Staats.

„In einer so bewegten Zeit, wie die jetzige, in welcher von allen Seiten her das monarchische Princip bedroht wird, ist nichts conservativer, als die Sicherung der materiellen Wohlfahrt des Volkes und die Ordnung der Finanzen der Unterthanen wie der Regierung; dies, bitte ich, wollen Ew. Königl. Majestät erwägen und in Ihrer Weisheit darnach beschließen, was das Wohl Ihrer Unterthanen fördert."

Nachdem dieser Vortrag beendet war, geruhten Se. Majestät der König sich persönlich beifällig über denselben zu erklären, forderten aber zugleich die Herren Minister auf, ihre Ansichten darüber auszusprechen.

In Folge dessen entspann sich zwischen denjenigen der Herren Minister, die Gegner der Landes-Bank waren, und und mir eine sehr lebhafte Discussion, in welcher mir die Gelegenheit gegeben ward, mich über viele Lebensfragen der materiellen Entwickelung des Landes freimüthig zu äußern. Inzwischen würde ich gegen das mir bewiesene Allerhöchste Vertrauen in hohem Grade verstoßen, wenn ich hierüber etwas veröffentlichen wollte, nur sei es mir erlaubt hinzuzufügen, daß Se. Majestät in dieser zweistündigen Conferenz der Discussion mit großer Aufmerksamkeit folgten und sich im Allgemeinen entschieden günstig für die von mir vertheidigten Ansichten aussprachen, jedoch bemerkten, daß Dieselben die von Friedrich II. gegründete Königliche Bank zu erhalten wünschten. Auch der Herr Minister Flottwell als Sach-Minister erklärte sich unbedingt für meinen Plan, dem auch der Präsident Rönne als Sachverständiger beitrat, wogegen der Herr Justiz-Minister Uhden sich einzig darauf beschränkte, die Erhaltung der Königl. Bank im Interesse der Pupillen zu vertheidigen.

Da es mir unzweifelhaft zu sein schien, daß die Ertheilung einer Concession zur Errichtung einer Preußischen Landes-Zettelbank, auf Privat-Kapitalien fundirt, von der Entscheidung der Frage abhängig gemacht werden würde, ob die von dem Herrn Minister Rother aufgestellte, durch keine weiteren Gründe unterstützte Behauptung, daß die Königliche Bank eingehen müsse, wenn eine Landes-Bank errichtet werden sollte, richtig sei,*) so suchte ich diese Ansicht in einem Memoire, welches in der Anlage sub Litt. D. folgt, zu widerlegen.

Auf meine Immediat-Eingabe, welche dieses Memoire als Anlage enthielt, ward mir der Bescheid, in Ruhe und Gehorsam die Allerhöchste Entscheidung zu erwarten.

Obgleich ich überzeugt bin, daß man seinem Könige und dem Lande nur wahrhaft dient, wenn man seine Ansichten offen, wahr, von schlagenden Gründen unterstützt, aber mit dem dem Königlichen Herrn schuldigen Respect vorträgt, so bleibt es doch die erste Pflicht des Unterthanen zu gehorchen; meine Einwirkung hörte daher von diesem Augenblick an gänzlich auf — — —.

Die Allerhöchste Entscheidung ist mir denn nun auch vor einigen Tagen auf meinem Gute Cummerow zugekommen und lautet:

Der von Ihnen im Verein mit einigen andern Unternehmern projectirten Errichtung einer Privat-Landes-Bank stehen so erhebliche Bedenken entgegen, daß Ich mich nicht bewogen finden kann, hierzu die von Ihnen in der Ein-

---

*) Schon in der Conferenz hatte ich diese Vermuthung des Herrn Minister Rother dadurch zu entkräften gesucht, daß in Stettin eine Königliche Bank neben der Privatbank seit beinahe einem Viertel-Jahrhundert bestehe und erstere jetzt dreimal größere Geschäfte mache als früher, und daß sich diese Erscheinung auch sehr leicht dadurch erkläre, daß Banken den Verkehr belebten, wodurch sich die Geschäfte und in Folge dessen das Geldbedürfniß mehrten, welches der einen Bank wie der anderen zu Gute käme.

gabe vom 6. December v. J. und später mündlich, nachgesuchte Concession zu ertheilen.

Berlin den 11. April 1846.

Friedrich Wilhelm.

An den Rittergutsbesitzer von Bülow-Cummerow.

Gleichzeitig erhielt ich das nachfolgende Blatt der Gesetzsammlung, welches ich hier mittheile, um es näher beleuchten zu können.

Allerhöchste Kabinetsordre vom 11. April 1846., die Ausdehnung der bisherigen Wirksamkeit der Bank und die fernere Ausgabe von Banknoten Seitens derselben betreffend.

Da Ich es als nothwendig anerkenne, die Bank zu einer, dem zunehmenden Handels- und Gewerbeverkehr angemessenen Ausdehnung ihrer bisherigen Wirksamkeit in den Stand zu setzen, so wie die erforderlichen Einleitungen zu treffen daß dieser Zweck in noch größerem Maaße durch Betheiligung von Privatpersonen, sowohl in der Hauptstadt als in den Provinzen bei den Geschäften der Bank erreicht werde, so will Ich nach Ihrem, in dem Berichte des Staatsministeriums vom 15. v. M. befürworteten Antrage vom 19. März v. J. die der Bank in dem Stiftungsreglement vom 29. October 1766 verliehene, seit Erlaß der Order vom 5. December 1836 (Gesetzsammlung S. 318) nicht ausgeübte Befugniß zur Ausgabe von Banknoten unter nachstehenden Modalitäten wieder in Kraft treten lassen. 1) Es soll der Bank gestattet sein, auf dem Wege und nach dem Bedürfniß des reglementsmäßigen Bankverkehrs Noten in Apoints von 25 Thlr., 50 Thlr., 100 Thlr. und 500 Thlr. bis zum Betrage von zehn Millionen Thalern auszugeben. — 2) Von dem Gesammtbetrage der im Umlaufe befindlichen Banknoten muß bei den Bankcassen, außer den zu den übrigen Bankgeschäften erforderlichen Baarfonds und Effecten, jederzeit ein Drittheil in baarem Gelde oder Silberbarren, ein Drittheil mindestens in discontirten Wechseln und der Ueberrest in Lombardsforderungen mit bankmäßigen Unterpfändern vorhanden sein. — 3) Die Banknoten sollen bei der Hauptbankcasse zu Berlin zu jeder Zeit, bei den Provinzialcomtoirs aber, so weit es deren jedesmalige Baarbestände und Geldbedürfnisse gestatten, gegen baares Geld umgetauscht, auch in allen Staatskassen statt baaren Geldes, insbesondere statt Kassenanweisungen in Zahlung angenommen werden. — 4) Ueber die Befolgung der Bestimmung zu 2 hat der Chef der Bank bei eigener Verantwortung zu wachen. Außerdem ist derselbe verpflichtet, dem nach §. 6 der Verordnung vom 3. November 1817 (Gesetzsammlung S. 295) mit der Oberaufsicht über die Bank beauftragten Kuratorium, welches gegenwärtig aus dem 1sten Präsidenten des Staatsraths, General der Infanterie und Gouverneur von Berli, Freiherrn v. Müffling, dem Staats- und Justizminister Uhden und dem Wirklichen Ober-Justizrath und Director

v. Düesberg, besteht, vierteljährlich den Betrag der umlaufenden Banknoten und der dafür vorhandenen Dekkungsmittel so wie des gesammten übrigen Bankvermögens nachzuweisen. Bei Prüfung dieser Nachweisungen ist die zur Revision der Rechnungen der Bank bestehende Kommission der Ober-Rechnungskammer zuzuziehen. — 5) Die Bank hat im Anfange jeden Jahres einen Status ihres Vermögens, und außerdem, vorläufig vierteljährlich, eine Uebersicht des Betrages der umlaufenden Banknoten, der in den Bankkassen vorhandenen baaren Bestände, Kassenanweisungen und Silberbarren und der in öffentlichen Effecten oder in discontirten und angekauften Wechseln, oder gegen Unterpfand belegten Summen öffentlich bekannt zu machen. — 6) Um die durch die Order vom 5. Dezember 1836 bezweckte gleichmäßige Anfertigung der als Geldzeichen umlaufenden Papiere und die gleichmäßige Beaufsichtigung der Verfälschungen derselben auch in Zukunft zu sichern, beauftrage Ich die Hauptverwaltung der Staatsschulden mit der Kontrole über die Anfertigung der Banknoten, insbesondere darüber, daß der von Mir auf zehn Millionen Thaler festgesetzte Gesammtbetrag der auszugebenden Banknoten niemals überschritten werde. Diese Behörde soll deshalb eine nähere Beschreibung der Banknoten öffentlich bekannt machen, und sich dem Umtausche der beschädigten Banknoten, so wie der Verfolgung der Verfälschungen, in gleichem Umfange, wie ihr solches in Betreff der Kassenanweisungen obliegt, für Rechnung der Bank unterziehen. Alle gesetzlichen Bestimmungen, welche über die Nachbildung und Verfälschung der Kassenanweisungen, über die Verbreitung falscher Kassenanweisungen und über die Untersuchung und Bestrafung dieser Verbrechen ergangen sind, finden auch auf die Banknoten Anwendung. — 7) Im Uebrigen bleibt es bei den Bestimmungen des Bankreglements vom 29. October 1766 und der Verordnung über die Verhältnisse der Bank vom 3. November 1817. — Indem Ich Ihnen die zur Ausführung Meiner vorstehenden Bestimmungen erforderlichen weiteren Einleitungen überlasse, empfehle Ich Ihnen, der Beförderung des Bankverkehrs in den Provinzen Ihre besondere Aufmerksamkeit zu widmen, und dafür, so weit es erforderlich ist, durch Vermehrung der Provinzial-Bankcomptoirs zu sorgen. — Uebrigens will Ich, sobald wie möglich, Ihren Vorschlägen wegen der Eingangs erwähnten Erweiterung der Wirksamkeit der Bank durch Betheiligung von Privatpersonen bei derselben entgegensehen. — Dieser Mein Befehl ist durch die Gesetzsammlung bekannt zu machen.

Berlin den 11. April 1846.

Friedrich Wilhelm.

An den Staatsminister Rother.

Nachdem ich nun dem Publicum und der großen Zahl meiner Freunde, die sich meinem Plane angeschlossen hatten, gleichsam Rechenschaft von dem gelegt habe, was ich beabsichtigte und wie ich nach bester Einsicht die meiner Ansicht nach große Angelegenheit des Landes zu vertheidigen bemüht gewesen bin, so wird es nun nöthig sein zu untersuchen, inwiefern die Königliche Bank in ihrer neuen Gestalt

Erstens überhaupt auf einem so soliden Fundament beruhe, daß sie eine Bürgschaft für ihr Bestehen gewährt, und, insofern dies nicht der Fall sein sollte, in welche Verlegenheiten die Regierung und das Land dadurch gestürzt werden könne. In unmittelbarer Verbindung hiermit werden wir darauf eingehen müssen, inwiefern sie überhaupt durch die ihr zu Gebote stehenden Fonds als Staats-Institut im Stande sein wird, den Bedürfnissen des Landes zu genügen.

Zweitens selbst für den Fall, daß diese Fragen befriedigend ausfielen, inwiefern die Königl. Bank im Stande sein werde, der Regierung und dem Lande diejenigen Vortheile zu gewähren, welche die beabsichtigte Landesbnk zu leisten sich erboten hatte.

In der oben mitgetheilten letzten Kabinets-Order wird beiläufig erwähnt, daß auch Privat-Personen sowohl in der Hauptstadt als in den Provinzen dabei betheiligt werden sollten. Da der Plan, wie dies geschehen solle, nicht vorliegt, so kann ich bei dieser Besprechung hierauf vorläufig keine weitere Rücksicht nehmen, werde aber am Schluß auf diesen wichtigen Punkt zurückkommen.

Ohne alle Frage wird jeder Finanz-Mann und jeder mit dem Geld-Verkehr näher bekannte Banquier damit einverstanden sein, daß nur eine mit bedeutenden eigenen baaren Fonds ausgestattete Bank heilsam auf die Belebung der Industrie einzuwirken vermöge. Die erste Bedingung der Sicherheit und der Nützlichkeit einer Bank liegt in ihren eigenen und der Größe der Geschäfte angemessenen Fonds. Diese primäre Bedingung einer jeden soliden Bank ist in der ganzen Welt als solche anerkannt, und wo die europäischen Regierungen oder Privat-Personen, wie dies in Amerika und England der Fall gewesen ist, von dieser Grundbedingung abgewichen sind, hat die Bank jedesmal mit Zahlungsunfähigkeit geendet, und die allerverderblichste Katastrophe herbeigeführt. Die Königliche Bank besitzt nun aber keine eigenen Fonds; die früheren, womit Friedrich der Zweite sie dotirt hatte, und die nach jetzigem Maaßstabe nur höchst unbedeutend zu nennen sein möchten, gingen in den Krieges-Jahren von 1806 bis 1815 theils dadurch verloren, daß die Activa der Bank ihr genommen und zu den dringenden Staatsbedürfnissen verwandt wurden, anderntheils dadurch, daß sie große Verluste erlitt.

In Folge dessen sah sich die Königl. Bank eine lange Reihe von Jahren hindurch genöthigt, ihre Kapitals- und selbst die Zins-Zahlungen zum großen Verderben der Pupillen und milden Stiftungen einzustellen, und bis jetzt scheint es ihr noch nicht möglich gewesen zu sein, ihre Passiva vollständig zu decken. Eigenes Vermögen besitzt sie daher nicht. Dagegen operirt sie jetzt nach der Angabe ihres Chefs mit 22,600,000 Thalern Pupillengelder und etwas mehr als 5

Millionen bei ihr niedergelegten Depositis, betreibt mithin mit circa 28,000,000 ihre Geschäfte, wozu noch 2,000,000 kommen, die der Staats-Schatz ihr zinsfrei vorgeschossen hat.

Aus diesen Angaben, gegen welche ich keinen Widerspruch besorge, geht nun hervor, daß die Königliche Bank einzig und allein auf den Staats-Credit gebaut ist, mithin nur so lange ihre Verpflichtungen zu erfüllen im Stande sein wird, als der Staats-Credit vor Erschütterungen bewahrt bleibt, und die Regierung entschlossen ist, kein Opfer zu scheuen, wenn die Bank ihre directe Unterstützung brauchen sollte, ihr diese zu gewähren.

So lange die Sonne des Friedens noch über Preußen scheint, können nur anhaltende Geldkrisen und das Sinken des Wohlstandes des Landes den Staats-Credit erschüttern; letztere liegen aber leider nicht außerhalb des Gebiets der Möglichkeit. Daher ist es sehr wohl denkbar, daß diese selbst bei der Fortdauer des äußeren Friedens, wenn der Staatsschatz der Bank nicht zur Disposition gestellt bleibt, ihre Verpflichtungen unerfüllt lassen müßte oder, wenn ihr die Depositen entzogen würden, ganz einginge. Der Gegenstand ist zu wichtig, um nicht eine nähere Beleuchtung zu verdienen.

Die in so vielen andern Ländern und namentlich auch in England gemachten Erfahrungen haben zu der Ueberzeugung geführt, daß bei Geld-Instituten, welche Noten, a vista zahlbar, ausgeben, oder zu jeder Zeit fällige Depositen-Kapitalien annehmen, die Mittel zur Befriedigung der Inhaber derselben stets bereit gehalten werden müssen, und daß dies nur dann der Fall sei, wenn im Tresor der Bank die ganze Summe zur Deckung der jeden Augenblick zahlbaren Forderungen entweder in baarem Gelde oder leicht zu versilbernden Papieren vorhanden sei.

Zu den leicht zu versilbernden Effecten gehören aber nur solche Wechsel, die nicht über 90 Tage laufen und von drei bekannten guten Häusern gezeichnet, auf jeder großen Börse zu discontiren sind. Alle Staats- und Communal-Effecten und alle auf Pfand von Waaren und was dergleichen mehr ist, ausgeliehenen Fonds und die darüber ausgestellten Schuld-Verschreibungen gehören dieser Kategorie nicht an.

Wenn wir uns nun wieder vergleichungsweise dem Princip zuwenden, welches durch die vorher mitgetheilte Königliche Kabinets-Ordre der Bank als Norm vorgeschrieben ist, so finden wir, daß dieses sich von der vorhin bezeichneten Regel weit entfernt, denn eines Realisations-Fonds für die, doch jeden Tag fälligen, den Pupillen und milden Stiftungen, auch Privaten gehörigen Depositen geschieht keiner Erwähnung, und zur Sicherung der Realisation der Bank-Noten wird bestimmt, daß ein Drittel stets in baarem Gelde, mindestens ein Drittel in Disconto-Wechseln, der Rest in Lombard-Forderungen zur Deckung der Noten niedergelegt werden solle. Da die letzteren aber nicht in die Kategorie der leicht zu versilbernden Papiere gehören, so würden für die Realisation der Banknoten, wenn diese wirklich erfordert werden sollte, immer nur ⅔ disponibel bleiben. Ein so wesentlicher Mangel auch schon hierin liegt, so wird ferner nicht gesagt, woher die Bank das Drittel an baarem Gelde für die ausgegebenen 10,000,000 Banknoten nehmen will. Da sie keine eigenen Kapital-Fonds besitzt, so bleibt ihr nur übrig dieses Drittel, oder 3,333,333⅓ Thaler von den ihr anvertrauten Depositen zu nehmen.

Wenn man nach den Regeln verfahren will, die in dieser Beziehung bei der englischen und französischen Bank verfolgt werden, die dies auch wegen ihrer großen eigenthümlichen Fonds durchzuführen vermögen, so würde man die Rechnung so stellen:

Die Bank besitzt an Depositen-Kapitalien jederzeit zahlbar	28,000,000	Thaler,
Banknoten hat sie im Umlauf	10,000,000	"
in Summa	38,000,000	Thaler,

zu deren Realisation nach allgemein angenommenen Grundsätzen stets mindestens 20 Procent baar im Tresor vorhanden sein müßten, mithin 7,500,000 Thaler, wozu denn freilich die Fonds nicht vorhanden sind. Inzwischen wird in Friedenszeiten ein solcher Fonds auch nicht erforderlich sein, denn mit Recht zählt die Bank darauf, daß die Pupillengelder bei den bestehenden Verhältnissen nicht auf einmal zurückgefordert werden können. Ein ganz anderer Fall ist aber sehr gut denkbar, und zwar der, daß sich die Pupillen-Behörde endlich davon überzeugte, wie unvortheilhaft es überhaupt für die

Minorenen sei, ihre Gelder zu 3 pCt. bei der Königlichen Bank zu belegen, und daß sie diese daher zurückzöge und in den bereits fertigen, einen weit höhern Zinsgenuß verspre chenden Eisenbahn-Actien anlegte.

Wenn man glauben sollte, die nach dem vorliegenden Plane erweiterte Königliche Bank werde einen nachhaltigen Einfluß auf die Besserung des Geldmarktes haben können, so täuscht man sich sehr. Ich werde weiterhin nachweisen, weshalb dies nicht zu erwarten steht, vielmehr anzunehmen sei, daß, wenn nicht noch auf eine andere Weise und namentlich durch eine Landes-Zettelbank der Credit wirksamer gehoben werde, alle Papiere noch tiefer sinken müssen und der Zinsfuß in Folge dessen noch höher steigen wird.*) Angenommen nun eine solche für die Minorennen günstige Conjunctur trete ein, würden es die Pupillen-Behörden und die

*) Dieser Ansicht ward in Berlin für den Augenblick widersprochen und angeführt, daß die Papiere von dem Augenblicke an gestiegen sind, wo die Erweiterung der Königlichen Bank bekannt ward. Daß ein solcher magischer Zauber in dem Worte Bank liege, habe ich schon öfter behauptet, ohne daß man es mir hat glauben wollen, und daß die Kraft dieses Wortes um so wirksamer in einer Zeit sein mußte, wo die Muthlosigkeit der Fonds-Inhaber so groß war als in den letzten sechs Wochen, ist nicht zu verwundern; allein soll die Zauberkraft einen dauernden Einfluß üben, so müssen auch die Mittel vorhanden sein, reelle Hülfe gewähren zu können und diese fehlen; denn welchen Einfluß soll die Vermehrung von 6 bis 7 Millionen Thaler Circulationsmittel auf eine Monarchie wie die Preußische wohl haben? Die vorstehende Ansicht hat sich, seitdem sie niedergeschrieben ward, bestätigt, die Papiere stehen jetzt niedriger als vor dem 11. April, dem Datum der Kabinetsordre.

Curatoren der milden Stiftungen dann wohl unterlassen können, die Kapitalien ihrer Pflegbefohlnen, selbst wenn sie zu Eisenbahn-Actien kein Vertrauen hätten, sie dennoch aus der Bank, wo sie nur 3 pCt. Zinsen tragen, zurück zu ziehen, und sie nutzbarer für ihre Pflegbefohlnen in Staats-Papieren, Pfandbriefen, Guts- und Haus-Obligationen, anzulegen? Geschieht dies aber, so würde sich ja die Bank allmälig von selbst auflösen, wenn der Staatsschatz nicht hülfreich dazwischen treten sollte, was keinesweges im Interesse des Staates liegen dürfte.

Allein es besteht noch ein anderer Grund, um die Vormünder zur Zurücknahme der Gelder aus der Bank zu bestimmen.

Es unterliegt nämlich wohl keinem Zweifel, daß die frühere Ausgabe von Kassenanweisungen im dringenden Bedürfniß des Landes und der Regierung lag, da hierdurch die Circulationsmittel, an welchen es immer gefehlt hat, vermehrt und zugleich die Zinsen dieses Theils der Staatsschuld gespart wurden. Zu wünschen wäre es aber gewesen, daß die Regierung sich der Verpflichtung der Realisirung dieser Kassenanweisungen für den Fall des Krieges dadurch entledigt hätte, daß sie gleich bei der Ausgabe derselben es sich ausbedungen, wenn durch äußere Verhältnisse die baare Realisation unmöglich werden sollte, diese einstweilen suspendiren zu können, wogegen dann aber den Inhabern der Kassenanweisungen die Befugniß zustehen solle, Staats-Schuldscheine von gleicher Höhe zu fordern, die demnächst wieder auf Verlangen gegen Kassenanweisungen ausgetauscht werden sollten.

Dies ist aber nicht geschehen vielmehr die Zahl der Kassenanweisungen noch um 6 Mill. Thaler zu Gunsten der Königl. Bank vermehrt.

Sollte nun der politische Horizont sich irgendwie trüben, so werden nach den früher gemachten Erfahrungen die Kassenanweisungen in Masse den Realisations-Comptoirs zuströmen und, da die Königl. Bank 6 Mill. von diesem Papier empfangen hat, so wird sie dann auch die Realisation derselben übernehmen müssen.

Die erweiterte Königl. Bank würde hiernach in einem solchen Falle, die 10 Mill. Banknoten mitgerechnet, 16,000,000 Papiergeld zu realisiren haben, und da ihr hierzu die Fonds fehlen, und da die Regierung in einer solchen Zeit ebensowenig im Stande sein wird, die von ihr direct ausgegebenen Kassenanweisungen, und noch viel weniger die der Bank auszulösen, so würde der letzteren nichts übrig bleiben, als ihre Zahlungen einzustellen, um so mehr, da in einer bedeutenden Crisis die von der Bank für die 6 Mill. Kassenanweisungen deponirten 6 Mill. Staatsschuldscheine nicht zu versilbern sein würden. Wenn daher vorsichtige Vormünder die mit der Ausgabe von 10 Mill. Banknoten verbundene Gefahr erkennen und sich bewogen fühlen sollten, die der Bank anvertrauten Fonds zurückzufordern, so würde das bei dem Mangel eigener Fonds zu einer Auflösung der Bank führen müssen. Zwar scheint es wohl die Absicht des Ministers Rother zu sein, um sich dieser Gefahr zu entziehen, Privat=Personen als Theilnehmer der Bank aufzunehmen, und sich auf diese Art die fehlenden Fonds zu schaffen; inzwischen ist dies nimmermehr zu billigen, da dies neue Verwickelungen herbeiführen würde; jedenfalls bleibt es zweifelhaft, ob die Kapitalisten, welche in der Rechenkunst nicht zurückgeblieben sind, ihr Geld dazu hergeben werden, um so mehr, da sie sich jetzt wegen Unterbringung des Geldes wahrlich in keiner Verlegenheit befinden.

Wenn nun in dem Vorhergehenden nachgewiesen ist, daß der erweiterten Königl. Bank die eigene Unterlage fehlt, und sie sich allein auf den Staats=Credit stützt, das ganze Unternehmen daher als ein sehr gewagtes und bedenkliches erscheinen muß, so wird es um so unerklärlicher, wie die Regierung auf einen Plan hat eingehen können, der für den Fall eines Krieges gleichzeitig den Staats= und Privat=Credit durch eine Vermehrung des Papiergeldes heftigen Erschütterungen aussetzt. Da ich mich aber über diesen Gegenstand schon öfters bei andern Gelegenheiten ausgesprochen habe, und überdem gern vermeiden möchte, daß man glaube, ich suchte die Mängel zu sehr aufzudecken, so will ich diesen Punkt nicht weiter verfolgen. Einen anderen Umstand kann ich jedoch nicht unberührt lassen, da vorauszusehen ist, daß derselbe noch zu vielen unangenehmen Discussionen führen kann, wenn die Regierung nicht selbst eine Abänderung beschließen sollte, wie dies von ihrer Weisheit zu erwarten steht. Dieser betrifft die Ausgabe von Banknoten, worin eine Vermehrung der Staatsschuld, mithin eine Verletzung des Gesetzes vom 17. Januar 1820 und der darin enthaltenen Bestimmungen liegen würde, wonach die Reichsstände gehört werden sollen, wenn die Regierung zur Aufnahme neuer Schulden sich genöthigt sehen sollte. Ganz aus diesem Gesichtspunkte sollen auch mehrere hohe Staatsbeamte und hochgestellte Personen die Ausgabe von Banknoten betrachtet haben, und sich eben so entschieden gegen eine solche Maaßregel erklärt, als bestimmt für die Errichtung von Landes-Banken ausgesprochen haben.

Im Publikum wird fest behauptet, daß bei den stattgehabten Berathungen, von verschiedenen Seiten her die Ansicht vertheidigt sei, daß, weil Banknoten keine Zinsen trügen, diese nicht als eine Schuld betrachtet werden könnten; inzwischen beruht dies wohl nur auf einem leeren Gerüchte, welches keiner weiteren Erwähnung verdient.

Nicht bessere, ja mitunter noch schlechtere Vertheidigungsgründe als der vorstehende sind durch die Presse dem Publikum mitgetheilt worden und beweisen recht, wie schwer es sei, einen im Principe unhaltbaren Satz vertheidigen zu wollen. In verschiedenen Artikeln unserer Zeitungen ist unter Andern behauptet: das Gesetz vom 17. Januar 1820 könne, wenn auch nicht durch die Minister, doch durch Cabinets-Ordres Abänderungen erfahren und der Eid, den die Mitglieder der Staatsschulden-Verwaltung nach dem Vereidungs-Protokoll vom 29. Januar 1820 geschworen hätten, bezöge sich nur darauf, wenn die Minister ihnen eine Vermehrung zumutheten, keinesweges aber auf den Fall, daß dies durch eine Cabinets-Ordre geschähe. In dem Gesetz vom 17. Januar 1820 hat der hochselige König sich und seinen Nachkommen freiwillige Verpflichtungen auferlegt, die im höheren Interesse des Throns keiner falschen Deutung unterworfen werden dürfen. Wenn es die Absicht des Gesetzgebers gewesen wäre, nur den Beamten zu verbieten keine neue Staats-Schulden zu machen, so bedurfte es keines Gesetzes, denn diese Befugniß steht ohnehin keinem Beamten zu. Ebenso nichtig ist der Einwand, daß, weil früher die Bank das Recht gehabt habe, Banknoten auszugeben, und ihr diese nicht durch das Gesetz vom 17. Januar 1820 genommen sei, auch keine Verletzung jenes Gesetzes in Anfertigung und Ausgabe derselben läge. Auf diesen Grund scheint sich der Chef der Bank vor Allem zu stützen. In dem Gesetze vom 17. Januar 1820 wird aber ausdrücklich gesagt: daß keine neue Schuld, welcher Art sie auch sei, ohne Zuziehung und Garantie der Reichs-Stände gemacht werden solle; es kann daher unmöglich von einer Ausnahme die Rede sein. Daß, als dies Gesetz gegeben ward, die Regierung sich noch nicht in der Uebersicht aller ihrer Schulden befand, wozu auch die damalige Unter-Bilance der Bank gerechnet worden sein mag, sagte sie selbst, und ist mit Gewißheit anzunehmen; denn in jenem Gesetz wurde bekanntlich die Staatsschuld um 60 Mill. Thaler höher angegeben, als sie außerdem war, theils um diese zu tilgen, theils um sie auch wohl zu außerordentlichen Ausgaben zu verwenden. *)

Wie weit übrigens der hochselige König davon entfernt war, sich die Ausgabe von Banknoten vorzubehalten, beweist der Umstand, daß, als zu Anfang der dreißiger Jahre der damalige Bank-Präsident Friese um die Erlaubniß zur Ausfertigung von Banknoten einkam, hierauf nicht eingegangen ward, weil der Chef der Staatsschulden-Verwaltung dies für eine Verletzung jenes Gesetzes erklärte. Mit voller Gewißheit kann man annehmen, daß der hochselige König, theils um diesen Gegenstand für immer zu beseitigen, theils um eine ihm verhaßte Vermehrung des Papiergeldes zu verhindern, das Gesetz vom Jahre 1836 gab, wodurch der Bank die Befugniß zur Ausgabe von Noten genommen ward.

Hiergegen wird zwar angeführt, daß jeder Monarch ebenso befugt sei Gesetze aufzuheben, als sie zu geben. Dies ist jedoch ein Grundsatz, der in dieser Allgemeinheit die größte Willkür bevorwortet und die Instabilität stabilisirt. Eine weise Regierung wie die Preußische wird sich zu diesem Grundsatze

---

*) So sind z. B. auch von diesen 60,000,000 bedeutende Summen zur Fundirung der Universitäten und anderer Schuleinrichtungen verwandt worden.

wissentlich nie bekennen können. Nur höhere Staats-Rücksichten und außerordentliche Umstände können so etwas ausnahmsweise rechtfertigen, diese liegen hier aber nicht vor.

Außer den obigen Gründen zur Vertheidigung der Ausgabe von Banknoten sind noch andere veröffentlicht, aber durch die Presse schlagend genug widerlegt worden, weshalb ich sie übergehen zu können glaube, dagegen es für nöthig halte, noch einen Einwand näher zu beleuchten, durch welchen Manche im ersten Augenblick sich leicht täuschen lassen. Dieser besteht darin, daß durch die Ausgabe der Banknoten keine neue Staatsschuld gemacht werde, da die Ausgabe ja immer nur gegen Empfangnahme anderer Werthe erfolge.

Bevor ich auf die Beantwortung dieser Behauptung eingehe, und um überhaupt den Leser in Stand zu setzen selbst und vollständig darüber urtheilen zu können, ob in dieser Ausgabe von Banknoten eine Gefährdung des Gesetzes vom 17. Januar 1820 liege oder nicht, ist es nöthig einen Blick auf dieses selbst zu werfen.

In dem §. II desselben wird ausdrücklich bestimmt, daß kein neuer Staats-Schuldschein oder ein anderes Staatsschulden-Document, welcher Art es auch sei, ausgestellt werden solle, es sei denn mit Genehmigung und unter Mitgarantie einer reichsständischen Versammlung.

In dem §. X wird nun die Staatsschulden-Verwaltung dafür verantwortlich gemacht, daß nach den Bestimmungen des §. II weder ein „Staats-Schuldschein mehr, noch andere

Staatsschulden-Documente irgend einer Art ausgestellt werden sollen, als der vorher als geschlossen erklärte Etat angiebt."

Der §. XV bestimmt nun endlich wörtlich:

„Der Präsident und die Mitglieder dieser Behörde werden wegen der vorstehenden zu übernehmenden Verpflichtung und daß sie bei ihrer Verwaltung nach keinem anderen, als den in gegenwärtigem Gesetz ausgesprochenen Grundsatz verfahren wollen, durch unseren Justiz-Minister auf dem Kammergericht in Gegenwart einer Deputation des hiesigen Magistrats, der hiesigen Börsen-Vorsteher und der Aeltesten der Kaufmannschaft vereidet."

Dieses Gesetz spricht es deutlich aus, es solle keine Staatsschuld, welcher Art sie sei, ohne Zustimmung der Reichsstände gemacht werden, und da kein Zweifel darüber obwalten kann, daß die Ausgabe von Noten, die die Regierung durch ein Geld-Institut des Staats baar zurückzuzahlen sich verpflichtet hat, eine wirkliche Staatsschuld sei, so wird durch ihre Ausgabe mithin das Gesetz vom 17. Januar 1820 verletzt, wenn sie erfolgen sollte.

Sehr merkwürdig und bezeichnend erscheint es, daß nach §. 6 der Cabinets-Ordre, die Erweiterung der Bank betreffend, die Ausfertigung der Banknoten der Staatsschulden-Verwaltung übertragen ist, mithin gerade derjenigen Behörde, welche nach §. X der Cabinets-Ordre vom Jahre 1820 dafür verantwortlich ist, daß keine Schuld-Documente, welcher Art es auch sein mag, ohne Zustimmung der Reichsstände ausgefertigt werde, und die zugleich darauf, daß dies nicht geschehe, feierlich vereidet ist. Bei der Verschiedenheit der Ansichten der Staats-Beamten, ob in der Emission eine Verletzung des Gesetzes liege, hat der König in seiner Gewissenhaftigkeit die Ausfertigung derselben eben der Behörde zugewiesen, welche hierüber zu wachen vereidet ist. *)

Ein Grund mehr zur Bevorwortung dieser Ansicht liegt wohl in dem vorher angeführten Factum, daß, als im Anfang der dreißiger Jahre der damalige Chef der Bank, Friese, beim Könige um die Erlaubniß, Banknoten auszugeben, einkam, der Minister Rother sich entschieden dagegen erklärte, und zwar aus den oben angeführten Gründen, seitdem ist keine andere Veränderung eingetreten, als daß er Chef der Bank geworden ist.

Täusche ich mich nicht, so wird die Ausführung des Planes und die Ausfertigung der Banknoten bei den Mitgliedern der Staatsschulden-Verwaltung und bei der Verantwortlichkeit,

*) Wenn die Staats-Regierung nicht besorgt gewesen wäre, es könne in dieser Noten-Emission doch eine Verletzung des Gesetzes liegen und ihre Ausgabe sei als eine Schuld-Contrahirung zu betrachten, welche Veranlassung würde dann wohl bestanden haben, die Ausfertigung der Noten der Bank zu entziehen und der Hauptverwaltung der Staats-Schulden zu übertragen, und die ganze Verantwortlichkeit dem Gewissen der Männer aufzubürden, die diese Verwaltung bilden?

die auf ihnen haftet, auf ernste Schwierigkeiten stoßen; die Heiligkeit des Eides ist ehrenwerthen Männern zu wichtig, um leicht darüber weggehen zu können. *)

Nach unserer besten Ueberzeugung ist kein anderer Ausweg möglich, als Se. Majestät zu bitten, vorher die Reichsstände zu hören.

Selbst den Fall gedacht, daß die Sache nur zweifelhaft sei, und dies kann auch der Aller-, Aller-Befangenste nicht in Abrede stellen, welcher gewissenhafte Christ wird sich in einer zweifelhaften Sache in einen leichtsinnigen Eid verwickeln wollen, und sich der schweren Verantwortuug aussetzen mögen, die daraus entspringen kann?

Uebrigens wird durch eine Verzögerung nichts verloren, sondern vielleicht sehr viel gewonnen.

Höchst wahrscheinlich scheint es zu sein, daß Se. Majestät die Absicht ausführt, gegen den Herbst dieses Jahres die Stände des Reichs um seinen Thron zu versammeln. Zu welchem großen und glücklichen Resultate könnte es führen, wenn

*) Wir finden in dem Eidesformular unter anderem nachfolgendes wörtlich: „Endlich schwöre ich, daß ich mich von Erfüllung dieser Pflichten (Innehaltung des Gesetzes vom 17. Januar 1820) durch keine Befehle oder Anweisung irgend einer, selbst nicht der höchsten Staatsbehörde, sie sei verwaltend oder controlirend, noch persönlich von irgend einem Staatsbeamten, auch nicht durch Vortheil oder Furcht, durch Nebenabsichten oder Leidenschaft abhalten lassen, sondern nach meinen besten Kräften die bereits angeführte Verordnung vom 17. Jauuar 1820 aufrecht erhalten will, so wahr mir Gott helfe durch Jesum Christum zur ewigen Seligkeit, Amen."

der König in dieser Bank-Angelegenheit, von welcher die Geldmacht der preußischen Monarchie und der industrielle Aufschwung ihres Volkes abhängt, sich nicht auf den einseitigen Rath einzelner nicht unbefangener Beamten,*) sondern auf die Rathschläge seiner mit den Verhältnissen seines Volkes vertrauten Stände stützte? Höchst wahrscheinlich würde dann das Resultat die Gründung einer großen, über das ganze Land verbreiteten Landes-Zettel-Bank sein; oder wenn wider Erwarten diese keinen Beifall finden sollte, so würden die Stände gewiß einverstanden sein, die Regierung mit einem Kapital von 30 bis 40 Millionen in den Stand zu setzen, statt einer kümmerlichen, sich auf die ungewissen Beiträge von Privaten stützenden Staatsbank, ein unter der Controle der Stände des Reichs gestelltes, Preußens würdiges Geldinstitut zu errichten, geeignet im Frieden wie im Kriege die Staatsbedürfnisse zu befriedigen, geeignet im Lande selbst ein festes normales Geld-System zu begründen: mit einem Worte eine Institution ins Leben zu rufen, die im Stande wäre, mächtig auf den Wohlstand des Landes einzuwirken und bei welcher nicht wie jetzt die Disposition einem einzelnen Beamten und dessen individuellen Ansichten übertragen bleibt, sondern bei welcher

*) Ich gehe mit dieser Behauptung nicht zu weit, und die ganze, in dieser Schrift fortgesetzte Beleuchtung beweist es, daß man einen Plan verfolgt hat, der nicht vereinbarlich ist mit den Grundsätzen einer höheren Staatsöconomie.

die Regierung und das Land in Gemeinschaft die Controle führen.

Nachdem ich hier vorher den Rechts-Zustand festzustellen bemüht gewesen bin, und es dem Leser habe durchblicken lassen, wohin meine patriotischen Wünsche gerichtet sind, werde ich jetzt dem Einwande begegnen, daß die Ausgabe von Banknoten keine neue Schuld sei, da sie nur gegen andere Werthe ausgegeben würden. Daß die Regierung schuldig ist, die Banknoten, die sie ausgiebt, zurückzuzahlen, erkennt sie an und dies ist die Bedingung der Annahme des Publikums; hierdurch wird die Schuld als solche zugegeben. Daß sie diese gemachte Schuld zu Geschäften verwendet, ändert die Sache in nichts, sie schuldet und erwirbt dagegen vielleicht Activa, kann aber auch möglicher Weise ihr ausgeliehenes Kapital ganz oder theilweise verlieren. Wir wollen uns ein passendes Beispiel denken: Ein Kaufmann sei in irgend eine Verwickelung mit seinen Gläubigern gerathen; voll Vertrauen habe man ihm die Abwickelung der Schulden selbst übertragen, wogegen er einen Eid geleistet, keine neue Schulden zu contrahiren. Nun habe er aber dennoch 10,000 Thaler Dispositions-Scheine ausgestellt, um damit Geschäfte zu machen. Wäre dies eine Schuld? und was werden die Gerichtshöfe sagen, wenn die Sache zu deren Entscheidung gestellt würde!!!

Ein ganz anderer Fall war es, wenn früher Kassen-Anweisungen ausgegeben wurden; diese dienten dazu, eine andere Schuld von gleicher Höhe zu tilgen, dadurch ward in nichts die Gesammt-Schuldsumme der Regierung abgeändert; durch die Banknoten befinden sich für 10,000,000 Thaler Schuld-Documente der Regierung mehr im Publikum, dies Factum ist nicht wegzuleugnen.

Es ist mit Gewißheit vorauszusetzen, daß sich unter den Rathgebern der Krone Männer finden werden, welche einen so gewissenhaften als um die Wohlfahrt seines Volks bekümmerten Monarchen in seinem und des Landes Interesse die Lage der Sache aufzudecken keinen Anstand nehmen.

Wenden wir uns nun ab von dieser Art, mit welcher sich der Plan zur Erweiterung der Königl. Bank über manche Grundsätze weggesetzt hat, deren Beobachtung zur Sicherung einer solchen Institution unerläßlich scheinen, und vergessen wir es, wie wenig dabei auf die Zukunft Preußens und auf die Erfüllung der gesetzlichen Bestimmungen Rücksicht genommen ist, und untersuchen es, welche Leistungen als Ersatz für alles dieses in Aussicht gestellt wird; so treffen wir erst recht die schwächste Seite des ganzen Planes; denn diese neuorganisirte Bank kann keinen nachhaltigen Einfluß auf die Herstellung des Credits, auf die Entfernung der Noth, welche so viele Theile der Monarchie drückt, noch viel weniger auf die Belebung der Gewerbe haben. Ihre Hauptwirkung wird darin bestehen, den Plan zu einer preußischen Landesbank unterdrückt und zugleich den Beweis von den Einfluß der Beamten geliefert zu haben.

Gehen wir jetzt zu der Allerhöchsten Kabinetsordre, die

Erweiterung der Königl. Bank betreffend, über, so finden wir daß in dieser das Bedürfniß anerkannt wird, der in Preußen fortgeschrittenen Industrie durch angemessene Geldmittel hülfreich entgegen kommen zu müssen; man hätte billiger Weise noch sagen können, um dem Ackerbau, dem Handel und den Gewerben einen Ersatz dafür zu gewähren, daß ihnen 119,000,000 Thaler durch den Bau der Eisenbahnen entzogen sind. Von Seiten der Regierung, die das Bank-Monopol aufrecht erhalten will, wird dem Lande dazu nicht Geld, was fehlt, sondern 10,000,000 auszufertigender Banknoten, also Papier angeboten. Zwar wird in Aussicht gestellt, das Geld sollten demnächst die Privatpersonen hergeben, die man zur Theilnahme zulassen will, inzwischen möchte hierin ein Rechnungsfehler liegen; ich hoffe es wenigstens, denn dadurch würde die Verwickelung noch immer bedenklicher. Die Geldbesitzer lassen sich zwar vielleicht locken und sind sehr leichtgläubig, inzwischen der Gewinn, der bei einer vom Staat geführten Verwaltung zu erwarten steht, so viel weiß man, bleibt nur klein und der Gefahren giebt es dabei sehr viele; hierzu kommt, daß die Eisenbahn-Speculation das Vermögen der Kapitalisten decimirt und sie selbst sehr kopfscheu gemacht hat. Vielleicht werden sich dennoch einige finden, die sich verleiten lassen, die erste Körnung anzunehmen; auch werden einige Banquiers sich der Erhaltung des guten Einverständnisses wegen zu einer Art gezwungenen Anlehens verstehen müssen, aber die Summen werden winzig bleiben. Die einzige Hoffnung, die vielleicht manche Speculanten zu dieser Alliance mit der Bank verleiten möchte, besteht darin, daß diese wohl vor Allem auf die Persönlichkeit des Minister Rother berechnet ist und mit ihm ihre Endschaft erreichen wird und ihnen dann das Institut als Erbschaft zufallen könnte. Bei der bestehenden Ungewißheit der Theilnahme der Privaten an der Königlichen Bank kann bei Beurtheilung der Einwirkung der erweiterten Bank auf den Verkehr daher für jetzt nur auf diejenigen Summen Rücksicht genommen werden, durch welche der Betriebs-Fonds laut Kabinets-Ordre vermehrt werden soll, und dieser besteht in 10,000,000 Banknoten weniger ein Drittel, die zur Realisation baar deponirt bleiben, also in 6,666,666⅔ Thaler, eine Summe, die kaum ausreichen würde, wenn die preußische Monarchie nicht größer als Frankfurt an der Oder und dessen Regierungsbezirk wäre. Der Verkehr von Stettin allein absorbirt eine bei Weitem größere Summe und zwar in baarem Gelde, und wenn daher der erweiterten Königl. Bank nicht eine ganz besondere Macht beiwohnt, Wunder zu thun, wovon bisher nichts verlautet hat, so wird es ihr schwerlich gelingen können, mit etwa sechs ein halb Millionen Noten die Mittel zur Abwendung der jetzigen Geldcrisis und zur Belebung des Verkehrs von 16 Millionen Menschen zu schaffen, wie dies der Wille des Monarchen ist. Die Zeit der Wunder ist vorüber, und Mittel und Zweck müssen stets im Verhältniß zu einander stehen.

Wenn wir nun ferner die Kabinets-Ordre vom 11. April dieses Jahres ins Auge fassen, so bleibt es sehr zu bedauern, daß diese keine Bestimmungen enthält, durch welche das so oft gerügte, willkürliche und dem Publicum nachtheilige Verfahren der Königlichen Geldinstitute eine Aenderung erfährt. Daß es für den Chef derselben sehr angenehm sei, nach seinem Gutbefinden disponiren zu können und ohne an gewisse Normen gebunden zu sein, liegt in der Natur der Sache, aber nicht im Interesse des Staats. Der König wolle daher geruhen zu bestimmen, welches das Maximum des Zinsfußes sein solle, den die Bank zu nehmen befugt,*) ferner nach welchen festen Normen das Publicum beim Creditgeben und Nehmen zu behandeln sei.

Eine Art von Concession scheint darin zu liegen, daß die Bank ihren Status zur Oeffentlichkeit zu bringen verspricht; da dies aber nur alle Vierteljahr geschehen soll, so hat eine solche Bekanntmachung für das Publicum überhaupt wenig Werth, denn es ist nur zu leicht, sich am Schluß eines Vierteljahrs auf einen guten Abschluß zu präpariren. Doch ich halte es von keinem Interesse, auf das was in dieser Beziehung hätte geschehen können und sollen, irgend wie weiter einzugehen, denn der §. VII. nimmt uns darüber jeden Zweifel, daß der Minister Rother nur verlangt, in den Verhält-

*) Zur Rechtfertigung des Obigen diene, daß das Königl. Bankcomtoir in Stettin den Zinsfuß bei ihrem Wechsel in Lombard-Geschäften von 5 auf 4 pCt. herunter gesetzt hat, aber nur in Stettin allein, und daß die ritterschaftliche Bank darin nur eine Operation zu finden glaubt, ihr zu schaden.

nissen der Bank solle auch nicht das Mindeste verändert werden, und daß wir uns gern auf den Standpunkt des Jahres 1766 erhalten möchten.

Oben ist entwickelt, daß eine Bank mit so unbedeutenden Mitteln durchaus keinen dauernden Einfluß auf den Geldmarkt zu üben vermag. Da aber von den Verhältnissen der Circulations-Mittel zu dem Bedürfnisse, welches sich im Handel und den Gewerben zeigt, die Theuerung oder die Wohlfeilheit des Geldes, und hiervon wieder der Zinsfuß abhängt, nach welchem sich dann endlich der Cours der Papiere au porteur richtet, so wird die Königliche Bank keinen dauernden Einfluß auf die Erhaltung des Courses der Papiere haben können. Dies wird um so weniger der Fall sein, da die Bankverwaltung mit Rücksicht auf die ihr zu Gebote stehenden Mittel bei ihren Darlehns-Geschäften mit der größten Vorsicht zu Werke gehen muß, daher nur wie bisher mit den ersten und sichersten Häusern sich einlassen wird und kann, mithin die mittlere Klasse der Geschäftsmänner, welche eigentlich die größere Masse bilden, bei ihr keine Unterstützung finden werden, sondern sich dazu der mit Kosten verbundenen Unterschrift der Häuser ersten Ranges werden bedienen müssen. Hierin liegt denn auch der Grund, daß die Königliche Bank ohne wesentlichen Einfluß auf die Wohlfeilheit des Geldes bleiben, und wie bisher nur der Banquier des Banquiers sein wird.

Inzwischen ist die Kabinets-Ordre vom 11. April c. nicht

allein erschienen, sondern gleichzeitig eine zweite, welche dem Lande wenigstens einige Hoffnung auf wirkliche Hülfe übrig läßt, und jedenfalls den Beweis führt, daß die wahrhaft väterlichen Absichten unseres allgemein verehrten Königs stets auf die Förderung der Wohlfahrt seines Volkes gerichtet sind, und daß, wenn diese ausbleibt, der Grund davon nur in der mangelnden Unterstützung der Behörden liegt. Inzwischen behalte ich es mir vor, auf diesen unerfreulichen Gegenstand weiterhin zurück zu kommen, und zugleich zu zeigen, auf welche Weise der Wille des Königs, seinem getreuen Volke zu helfen, vielleicht noch in Erfüllung gehen kann; vorher aber wird es nöthig sein auf den Nutzen zurück zu kommen, den der von mir bevorwortete Plan einer preußischen Landes-Bank der Regierung und dem Lande gewährt haben würde, wenn man auf denselben eingegangen wäre.

Offen gestanden befinde ich mich in keiner geringen Verlegenheit, wenn ich, um einen Vergleichspunkt zu haben, abgesehen von dem Bedenken gegen die Erweiterung der königl. Bank, ihren einstweiligen Nutzen aufzählen soll; ich weiß keinen anderen anzuführen, als daß 6,666,666 Thlr. mehr zu Disconto- und Lombard-Geschäften verwendet werden, und die Bank von den 10,000,000 Banknoten (von welchen wir annehmen wollen, daß durchschnittlich 6,666,666 im Umlauf wären) zu 4 Prozent gerechnet, einiges an Zinsen gewönne; von welcher Summe aber wieder die bedeutend vermehrten Administrations-Kosten in Abzug kommen würden, so daß mithin der

Bank nur ein höchst unbedeutender Ueberschuß, den sie ja noch mit den aufzunehmenden Actionairs theilen will, jährlich verbleiben könnte.

Diesem geringen Gewinne steht nun das Anerbieten der preußischen Landes-Bank gegenüber, die Gesammtsumme der in Circulation befindlichen 25,700,000 Kassen-Anweisungen gegen Behändigung der dafür deponirten 16,000,000 Staatsschuldscheine der Regierung abzunehmen, und ihr in einem Zeitraume von einigen Jahren die sämmtlichen Kassen-Anweisungen zurückzugeben. Durch die Annahme dieses Anerbietens hätte sich die Staatsschuld sofort um 9,700,000 Thaler vermindert. So bedeutend daher dieser directe Vortheil auch schon ist und so unerklärlich es erscheint, daß die Regierung nicht darauf eingegangen ist, so übersteigt doch der indirecte diesen directen Vortheil bei weitem. Die Regierung wäre dadurch der Sorge enthoben worden, im Falle eines Krieges, auf welchen Preußen doch jederzeit gefaßt sein muß, diese Realisation zu bewirken, welche, wenn sie nicht erfolgt, den ganzen Staats-Credit auf eine Weise erschüttert, daß die Folgen kaum zu berechnen sind. Wollte man dagegen einwenden, ein Krieg liege so außer aller Wahrscheinlichkeit, daß darauf keine Rücksicht genommen zu werden brauche, so ist dies nicht die Ansicht der Regierung, denn wozu unterhielte sie dann noch wohl das Heer, und zu welchem Zweck entzöge sie dann wohl so große Summen dem Verkehr und legte diese todt im Staatsschatz nieder, wie dies der Fall ist? Angenommen aber, Preußen würde plötzlich in einen Krieg verwickelt und könnte dann weder die 25,700,000 Kassen-Anweisungen noch die 10,000,000 Banknoten realisiren, und müßte sich nun in der größten Verlegenheit an das Land und an die Stände wenden; mit welchen drückenden Empfindungen werde dies nur geschehen können, da man es in der Hand hatte, das Land vor so großem Uebel zu bewahren. Den jetzigen Finanz-Minister träfe freilich in dieser Beziehung kein Vorwurf, denn von ihm, als der zunächst competenten Behörde, ist die Beseitigung der Gefahr, welche aus der Verpflichtung zur Realisirung der Kassen-Anweisungen hervorgeht, dringend bevorwortet worden; dasselbe ist von Seiten einer hohen Person geschehen, ja, ich habe Grund die Ueberzeugung auszusprechen, daß der richtigen Einsicht Sr. Majestät selbst die Wichtigkeit des von mir gestellten Anerbietens nicht entgangen sei.

Um bei der angefangenen Vergleichung der directen Vortheile der Landes-Bank gegen die Staats-Bank stehen zu bleiben, so kann die letzte vielleicht durch die Befugniß zur Ausgabe der 10,000,000 Banknoten, wie vorhin angedeutet ist, sich einen kleinen Gewinn berechnen. Wenn aber mein Vorschlag, den ich in dem Memoire an Se. Majestät wegen Vereinigung der Bank mit der Seehandlung und Verwendung der Pupillen-Gelder gemacht habe, berücksichtigt wäre, so würde der jährliche Ueberschuß, wie dort nachgewiesen ist, 100,000 Thaler betragen haben. Zählen wir dieser Summe die Zinsen der

2,000,000 Thaler zu, welche die Bank vom Staats-Schatz zinsfrei erhalten hat, à 3½ Procent mit 70,000 Thalern zu, so wird der Mehr-Gewinn, welchen die Regierung von der erweiterten Bank bezieht, diese Höhe nicht erreichen.

Doch ich will die Aufmerksamkeit der Leser nicht bei diesen geringfügigeren Umständen aufhalten, sondern dieselbe auf die großen Angelegenheiten des Landes hinleiten.

Die Unternehmer der preußischen Landes-Zettelbank erklärten sich bereit, mit 25,000,000 Thlr. baaren Geldes das Institut zu dotiren, und beabsichtigten dann 25,000,000 Banknoten auszugeben, sie würde mithin, da sie von ihrem Einschuß-Kapital 25 Procent oder 7,812,500 Thaler für die Realisation der 25,000,000 Banknoten niederlegen mußte, 42,187,500 Thaler zur Unterstützung der Gewerbe, des Ackerbaues und des Handels zu verwenden vermocht haben. Welchen ganz anderen Einfluß würde dies auf die Herstellung eines richtigen Verhältnisses zwischen dem Geldbedarf und den Mitteln ihn zu befriedigen geübt, welchen ganz anderen Einfluß würde eine solche Bank auf den gesunkenen Cours der Papiere und auf den geschwächten Credit gezeigt haben, als dies eine bloße Vermehrung von 6,666,666 Thalern Banknoten vermag. Nach dem Plane des Antragstellers sollte, nachdem in Folge reiflicher Erwägung die frühere Idee von Schwester-Banken aufgegeben war, die Landesbank sich mit gleichen Rechten und Pflichten über alle Theile der Monarchie erstrecken, um Leben und Thätigkeit bis in die äußersten Winkel zu verbreiten, alle

Geldkräfte sollten vereint bleiben, um jederzeit gleich da helfen zu können, wo das allgemeine und das specielle Wohl es forderte. Ein Grundgesetz stellte die Verhältnisse der Institution gegen den Staat und das Publikum fest, und eine doppelte Controle, die der Regierung und die des Publikums, überwachte die pünktliche Erfüllung des ihr verliehenen Statuts. Bei der königl. Bank dreht sich das Ganze um den Willen und die Einsicht eines einzigen Beamten. Ein Grundgesetz besteht nicht, und die Controle soll nach den Bestimmungen der Cabinets-Ordre vom 11. April dieses Jahres von so hochstehenden Beamten geführt werden, denen der Geld- und Börsenverkehr so fremd ist, daß diese eine blos nominelle bleibt. Der lebendige Antheil, den das Publikum an jener genommen haben würde und der dahin geführt hätte die Bedürfnisse der Einzelnen hervorzuheben, und die Entwickelung der Ansichten zu fördern, fehlt dieser ganz.

Ein anderweitiger großer Vorzug würde darin bestanden haben, daß, wenn die oben bezeichneten Fonds der Landes-Bank sich zu geringe erwiesen haben sollten (welcher Fall bei der zunehmenden industriellen Entwickelung des Landes sehr bald eintreten könnte), sie sich in der Lage befunden hätte, ihre Fonds mit jedem Tage zu vermehren und so dem Bedürfnisse zu folgen; eine königliche Bank dagegen vermag dies nicht, auch tritt das Bedürfniß dazu nicht so leicht ein; an Vorschriften gebunden, fehlt ihr die freie Bewegung, weshalb denn auch ihr Einfluß auf den Handel und die Gewerbe immer ein sehr beschränkter bleiben und wenig zu deren Vermehrung beitragen kann.

Einen anderen großen Vortheil, welchen die Landesbank darbot und den die Regierung im Interesse der östlichen Provinzen nicht hätte zurückweisen sollen, bestand in dem Anerbieten, 5,000,000 Thaler ausschließlich zur Unterstützung der Grundbesitzer zu verwenden. Dieser Theil meines Planes, der von Manchem nicht begriffen ward, von gewissen Personen heftig angegriffen ist, und auch beliebter Weise zu einer aristokratischen Protection in einigen Tagesblättern gestempelt zu werden die Ehre hatte, verdient gewiß näher gekannt zu werden, da vielleicht noch einiges von den darin enthaltenen Gedanken bei künftiger Errichtung von Provinzial-Banken zu retten sein möchte.

Nach dem §. 11. des Entwurfs zum Statut sollte eine feste Summe von 5,000,000 Thalern ausschließlich der Unterstützung der Grundbesitzer zur Ausführung von Landes-Meliorationen verwendet werden, und zwar 2,500,000 Thaler zu letzterem Zweck, 1,000,000 Thaler zur Erhaltung des Courses der Pfandbriefe und der Rest nach den sich darbietenden Gelegenheiten.

Mit vielem Rechte glaube ich annehmen zu können, daß bei der Errichtung einer so gemeinnützigen Institution, wie eine Landesbank ist, nicht allein die Interessen aller Klassen des Volkes, also auch das der Grundbesitzer berücksichtigt werden müßte, sondern daß es die Aufgabe des Staatswirthes und Finanziers sei, aus solchen Institutionen den möglichst größten Nutzen für das Ganze wie für die Einzelnen zu ziehen. Von diesem Grundsatze bin ich auch ausgegangen, indem ich 2,500,000 Thaler zur Förderung der Landes-Kultur und Urbarmachung wüstliegender Grundstücke aussetzte.

Nur zu bekannt ist es, in welchem traurigen Zustande sich noch immer so manche Theile der östlichen Provinzen befinden, und welche Opfer dies der Regierung kostet. (Nach dem Bericht des Finanz-Ministerii ist im vorigen Jahre zur Unterstützung der Provinz Preußen nahe an 4,000,000 Thaler verwandt worden.) Eine der Hauptursachen der Verarmung dieser verschiedenen östlichen Provinzen, die fast ausschließlich auf den Ackerbau angewiesen sind, liegt in dem Mangel des gehörigen Betriebsfonds, um ihre Grundstücke cultiviren zu können, und soll sich dort der Wohlstand dauernd heben, so müssen die großen noch wüst liegenden Grundflächen cultivirt und die schon in Cultur genommenen ertragsfähiger gemacht werden, als sie jetzt sind. In der weiteren Ausführung ging nun mein Plan dahin, daß die 2,500,000 Thaler zu 4 Procent zinsbar zur Disposition der Oberpräsidenten der Provinzen gestellt*) und dann gegen gehörige Sicherheit

*) Jeder wird leicht begreifen, daß eine Banksocietät sich nicht darauf einlassen kann, die Nützlichkeit von Landes-Kulturen zu prüfen, und welche Sicherheit für die Rückzahlung besteht u. s. w. Es wäre daher gewiß ein geschicktes Auskunftsmittel gewesen, dies der Regierung zu überlassen, welche das nächste Interesse hat, daß sich der Wohlstand hebt, und die jetzt großen Summen aus den Landesabgaben verwendet, aber in der Regel nicht zur

und unter einer ausreichenden Controle so verwendet werden sollten, daß, wenn die Cultur ausgeführt wäre, der gemachte Vorschuß durch Aufnahme von Pfandbriefen zurückgewährt werden könnte, wobei die Absicht zum Grunde lag diese Kapitalien immer so bald wie möglich wieder mobil zu machen, um sie von neuem verwenden zu können. Nach mehreren von unparteiischen Sachverständigen und öconomischen Gesellschaften veranstalteten Untersuchungen hat sich das Resultat herausgestellt, daß durch richtige Verwendung von Meliorations-Kapitalien ein fünf- und zehnfacher Grundwerth geschaffen werden könne, so daß die Veranschlagung nicht zu hoch sein möchte, daß durch die Verwendung von 2,500,000 Thalern in den Provinzen jährlich ein Grundwerth von 5,000,000 geschafft werden könnte, eine Aushülfe, die fortgesetzt einen großen Effect gemacht und die Lage dieser Landestheile gründ-Provinzen lich verbessert haben würde.

Wegen des Nutzens der Erhaltung des Courses der Pfandbriefe auf ihren Nominal-Werth beziehe ich mich auf das, was darüber in den Motiven zu §. 11. des Status gesagt ist, muß aber noch hinzufügen, daß dies nicht sowohl den Grundbesitzern als vielmehr den Inhabern von Pfandbriefen zu Gute gekommen wäre. Wenn man bedenkt, daß eine Summe von über 100,000,000 Thlrn. Pfandbriefe sich vertheilt in den

---

Förderung des Wohlstandes, sondern zur Errettung der Einzelnen aus ihrem Nothstande.

Händen der Bauern, der kleinen Kapitalsbesitzer, der Wittwen, Waisen und milden Stiftungen befindet, daß diese ihr Kapital jetzt nur noch auf der Börse versilbern können, so erscheint es allerdings als Pflicht, auch soviel als möglich ist, dafür zu sorgen, daß, wenn sie ihren Pfandbrief versilbern wollen, dies ohne bedeutenden Capitals-Verlust geschehen könne. Uebrigens trete ich der Ansicht derer wenigstens theilweise bei, die da meinen, daß, wenn die preußische Landes-Bank genehmigt worden wäre, diese Bestimmung wegen Erhaltung des Courses der Pfandbriefe nicht so dringend nothwendig gewesen sei, denn mit der Besserung des Geldmarktes würde sich auch der Cours der Papiere gehoben haben. Inzwischen sicherer war es jedenfalls, durch feste Bestimmungen dafür zu sorgen. Meiner Meinung nach werden die Grundbesitzer der östlichen Provinzen um so mehr Grund haben es zu bedauern, daß durch die Erweiterung der königl. Bank ihnen diese große doppelte Hülfe entgangen ist, die ihnen zugedacht war. Der Minister Rother wird und kann nichts für sie thun.

Endlich verdient es noch als ein großer Vorzug der Landesbank angeführt zu werden, daß sie im Stande gewesen wäre, auf eine Menge Geschäfte einzugehen, auf welche sich die Königliche Bank nicht einlassen wird. Wir wollen ein Beispiel anführen: Wenn der Stettiner Kaufmann Zucker, Kaffee u. dgl. Waaren mehr aus England bezieht, so muß er diese dort bei der Absendung bezahlen. Diesen Vorschuß ist der Kaufmann oft nicht zu leisten im Stande, oder wenn er dazu gezwungen wird, so beschränkt er entweder seinen Einkauf oder die Anschaffung des Geldes kostet ihm einen großen Theil seines Gewinnes. Wenn nun die Waaren in England verladen und gegen Seegefahr versichert sind, so übernimmt die Pommersche Privatbank die Auszahlung derselben dort. Ist die Waare dann in Stettin angekommen, so nimmt sie diese, wenn es verlangt wird, versteht sich gegen eine gewisse Abschlagszahlung, in Depot. Dasselbe Maneuvre erfolgt bei Versendung von Getraide, Holz u. dgl. m., so daß der Kaufmann, wenn sein Schiff abgeht, über den Werth der Ladung wieder disponiren kann, um neue Ankäufe zu machen; eine Königl. Bank kann sich auf diese, und tausend andere etwas verwikkelte Geldgeschäfte nicht einlassen. In diesen und ähnlichen Erleichterungen des Handels liegt der Grund des zunehmenden Flors von Stettin; Danzig dagegen, wo nur eine Königl. Bank ist, sieht sich von Stettin weit überflügelt, weil dort eine Privat-Bank fehlt; in ganz gleichem Fall befindet sich Königsberg und andere Ostsee-Plätze.

Doch ich glaube, daß das Wenige was bisher über den Gegenstand gesagt ist, den Leser vollkommen überzeugen wird, in welchem Maaße die Errichtung einer Landesbank die hohen Staats-Zwecke gefördert und welchen segensreichen Einfluß sie auf das Wohl des Landes gehabt haben würde. Alles dieses ist mit dem Plan gefallen, und weshalb? und wem zum Opfer? Diese Fragen wollen wir den geneigtem Leser überlassen sich selbst zu beantworten.

Indeß wird man noch einwenden können, daß, eben weil die Königliche Bank keine eigene Fonds hat, und weil sie deshalb nicht erfolgreich einwirken könne, es zweckmäßig erscheine, sich diese durch den Beitritt von Privat-Personen zu verschaffen, und daß, wenn auf diese Weise der Staatscredit mit den Capitalien der Privaten vereinigt wird, eine solche Bank eben das unter der Meisterhand des Ministers Rother zu leisten im Stande sein werde, was eine Landesbank zu leisten vermocht hätte. Es liegt wahrlich sehr nahe, wie bedenklich es sein würde, wenn die Regierung sich verleiten ließe auf ein Meta-Geschäft mit einheimischen und ausländischen Speculanten sich einzulassen. Als eines der schädlichsten Monopole hat man längst das Geldmonopol erkannt; wie wäre es zu entschuldigen, dies noch auf einzelne Privatpersonen mit zu übertragen. Der Fall ist übrigens weines Wissens noch nicht vorgekommen, so daß ich der Regierung, abgesehen davon, daß es ihrer Stellung wahrlich nicht angemessen erscheint, auch das Recht dazu bestreite.

Ein Monopol kann eine Regierung höchstens nur als ein Souverainetäts-Recht für sich in Anspruch nehmen, und als ein solches kann sie sich desselben wohl niemals zu Gunsten eines Dritten weder ganz noch theilweise entäußern. Man hat meinem Plane mit dem größten Unrechte vorgeworfen, daß er zu einer Art von Monopolisirung des Geldverkehrs führe, und wollte dies darin finden, daß für die Landesbank das ausschließliche Recht Noten auszugeben, beantragt wäre. Diese Bestimmung war aber eine nothwendige,

1) da ich eine allgemeine Landes-Bank verlangte, an welcher alle Provinzen der Monarchie Theil nehmen sollten, und von der Niemand, der den Einschuß machen konnte, ausgeschlossen war;

2) weil die Societät sich die Concession durch bedeutende Opfer erkaufte und diese nicht bringen konnte, wenn sich ihr zur Seite Gesellschaften bilden konnten, die auch Noten ausgaben, ohne gleiche Lasten zu tragen;

3) weil ja neben der Landesbank noch die Königliche, mithin eine sehr bedeutende Concurrenz bestand.

Wenn aber die Regierung sich das Recht vorbehält, allein Noten auszugeben, und dann nur einzelne dazu auserwählte Personen hieran Theil nehmen lassen will, so wird dieser Antheil an dem Monopol nicht gegen Leistungen erkauft, sondern verschenkt. Uebrigens scheint es wie man jetzt hört, nicht die Absicht des Ministers Rother zu sein, sich auf diese Weise mit Privatpersonen zu associiren, er verlangt nur ihr Geld, um seine Fonds zu verstärken. Sollte dies die Absicht sein, so wird es eine unverschleierte Anleihe.

Daß der Minister Rother sich die alleinige Disposition über die Leitung der Geschäfte und die Anstellung der Beamten vorbehalten will, ändert, wenn er nicht bloß eine Anleihe bezweckt, nichts in der Sache, denn die Theilnehmer erwerben sich durch den Einschuß des Actien-Antheils ein Recht an das Monopol selbst und an den Nutzen den es bringt, und wenn über kurz oder lang die Regierung es einsieht, in welches nachtheilige Verhältniß sie sich und das Land durch diese Gemeinschaft versetzt hat, und sie die Societät wieder auflösen wollte, so wird sie entweder mit dem Schwerte den gordischen Knoten zerhauen müssen, oder die Theilnehmer nur durch enorme Summen zum Rücktritt bewegen können; zwar giebt es noch ein Mittel sie dann los zu werden, wenn man nämlich, statt sich eines Machtspruchs zu bedienen, ihnen so geringe Dividende zukommen ließe, daß sie sich von selbst gern zurückzögen: aber alles dieses sind Mittel, deren sich eine Regierung wie die Preußische nicht wird bedienen wollen; daher bleibt dann kein anderer Weg übrig, als sie gegen hohe Summen auszukaufen, ein Fall, der leider nur schon zu oft vorgekommen ist.

Ueberhaupt gestehe ich offenherzig, daß mein geringer Verstand nicht ausreicht, um heraus zu finden, wie eine solche Vereinigung möglicherweise ohne große Nachtheile bewirkt werden könne. Sollen die neuen Actionaire mit gleichen Rechten und Pflichten eintreten, so müßte die Regierung bei diesem Meta-Geschäft doch auch ein gleiches Kapital zuschießen. Will sie dazu die Pupillen-Gelder verwenden? kann sie das? und wer zahlt dann die Zinsen an die Pupillen? Ferner fragt es sich: sollen die Activa und Passiva der alten

Bank mit auf die neue Bank übergehen? und nach welchem Maaßstabe soll die Dividende vertheilt werden, wenn der eine Theil Kapital einschießt, der andere nicht? Oder soll vielleicht den Theilnehmern nur ein gewisser Zinsgenuß garantirt werden? Dann wäre es, wie schon erwähnt, eine neue Anleihe und eine neue Verletzung des vorhin allegirten Gesetzes. Auch fragt es sich: wem soll dereinst die Pensionirung der Bank-Officianten zufallen? Ein ganz besonderes Interesse endlich hat das Land, es zu erfahren, ob denn nun, wie die Cabinets-Order dies ausdrücklich bestimmt, mit der geringen Summe von 10,000,000 Thalern jeder künftigen Ausgabe von Banknoten ein Ziel gesetzt werden solle? oder ob das Gesetz vom 17ten Januar 1820 überhaupt aufhören solle Gültigkeit zu behalten?

Doch ich könnte noch eine ganze Reihe von Fragen an den Minister Rother richten; indem ich mich dessen aber enthebe, fühle ich mich sehr glücklich, daß mir nicht die Lösung dieser Angelegenheit obliegt, und habe die feste Ueberzeugung, daß ihn die übernommene Aufgabe in große Verlegenheit versetzt.

Obgleich Gegner dieses Ministers in der Bank-Sache, bin ich es keineswegs seiner Person, und vielleicht möchte der Rath, den ich ihm gebe, diesen schlüpferigen Pfad nicht weiter zu verfolgen, so viel werth sein, als wenn er von seinem besten Freunde käme.

Die vorhin erwähnte zweite Cabinets-Ordre Sr. Majestät des Königs, zu welcher ich jetzt übergehen werde, lautet wörtlich, wie folgt:

„Mit Bezug auf meinen heutigen Befehl, die Verhältnisse der Haupt-Bank und die Ausgabe von Banknoten durch dieselbe betreffend, mache Ich Ihnen bekannt, daß Ich außer der darin ausgesprochenen künftigen Betheiligung von Privatpersonen bei den Geschäften der Hauptbank auch die Errichtung von Privatbanken in den Provinzen durch Gesellschaften mit vereinigten Fonds, bei solidarischer Verhaftung aller Theilnehmer, überhaupt aber unter den zur Sicherstellung der Staats-Bank und des öffentlichen Credits nöthigen Bedingungen zuzulassen beabsichtige. Ich will über die Ausführung dieser Absicht Ihre speciellen Vorschläge bald möglichst erwarten, und beauftrage Sie, diesen Befehl in geeigneter Weise zur öffentlichen Kenntniß zu bringen."

Berlin, den 11. April 1846.

Friedrich Wilhelm.

An den Staats-Minister Rother.

Dieselbe drückt unverhohlen den Willen des Königs aus, den dringenden Bedürfnissen der Provinzen seines Reichs durch die Ertheilung von Privat-Banken entgegen zu kommen.

Höchst beklagenswerth bleibt es aber, daß durch die daran geknüpften Bedingungen die landesväterliche Absicht den Bedürfnissen der Provinzen entgegen zu kommen völlig vernichtet wird, denn was einerseits gewährt wird, wird andererseits mit beiden Händen zurückgenommen; unstreitig versetzt man dadurch die Provinzen in die Lage, auf die ihnen zugedachte Vergünstigung selbst verzichten zu müssen. Die Punkte, welche die Annahme so gut wie unmöglich machen, sind folgende:

1) Daß die Theilnehmer sich solidarisch verpflichten sollen, 2) daß diese Bank nicht den Interessen der Staats-Bank zu nahe treten dürfe, mithin keine Noten ausgeben solle; denn dies scheint der unleugbare Sinn der Worte zu sein, welche man mit „Sicherstellung der Staats-Bank" hat andeuten wollen.

Was den ersten Punkt, die solidarische Verpflichtung der Theilnehmer betrifft, so kann sich wohl Niemand auf diese einlassen, dem die rechtlichen Folgen einer solchen bekannt sind, weil er dann mit seinem ganzen Vermögen für jeden möglichen Ausfall verhaftet ist.

Wir wollen uns den Fall in einem Beispiele verdeutlichen: X wäre ein Mann, der 5000 Thaler bei dieser Provinzial-Bank gezeichnet hätte, außerdem aber 300,000 Thlr. Vermögen besitze. Dieses sein ganzes Vermögen wäre daher bei einem Geschäft verpfändet, wozu er seinen Einschuß baar gemacht hätte. Wir wollen uns nun ferner den Fall als möglich denken, die Bank hätte durch schlechte Geschäfts-Führung und Unglücksfälle fallirt, und es wäre ein Deficit von 300,000 Thlr. geblieben. Da bei solidarischer Verhaftung die Gläubiger befugt sind, sich an jeden beliebigen Creditor zu halten, und X als ein reicher Mann bekannt war, so könnten die Gläubiger der Bank nun von ihm allein ihre Befriedigung verlangen, und er müßte sein ganzes Vermögen hergeben. Man wird schon hieraus entnehmen können, daß sich keine soliden Leute auf ein solches Geschäft einlassen werden, sondern höchstens solche, die kein eigenes Vermögen besitzen und nur die Absicht haben ihre Actien gegen Gewinn an Andere abzutreten, die dann nicht mehr solidarisch verhaftet sein würden.

Aber dies ist nicht der einzige Nachtheil, der hieraus entspringt. Wer zu einem solchen Geschäft sein Geld hergeben will, der hat doch gewiß nicht die Absicht, sich und seine Nachkommen auf ewig, oder wenn die Concession nur auf gewisse Jahre ertheilt ist, auf den Verlauf derselben mit seinem Capitale zu binden. Wenn er aber selbst Vermögen besitzt und einmal solidarisch verhaftet ist, so kann er sich von dieser Verpflichtung nie wieder los machen, und selbst, wenn er späterhin seine Actien verkaufen wollte, so würde ihn dies nicht befreien.

Niemand mithin, der da weiß, was er thut, kann Theilnehmer einer Gesellschaft werden, bei der er sich für einen zu hoffenden kleinen Gewinn auf diese Weise bindet. Hierzu kommt noch, daß man offenbar ganz die Bestimmungen des Gesetzes von 1842, die Actien-Gesellschaften betreffend, übersehen hat, durch welche die solidarische Vertretung ausgeschlossen wird. Bis jetzt ist es übrigens noch keiner Regierung eingefallen, den Theilnehmern einer Bank, die ein baares Capital einschießen, solche Bedingungen zuzumuthen; auch sind diese nur in dem ganz von dem in Rede stehenden abweichenden Falle passend, wo eine Societät zusammentritt, und ohne ein Kapital einzuschießen, auf rein persönlichen Credit eine mit Noten-Ausgabe verbundene Bank errichtet, wie dies bei den schottischen Banken der Fall ist.

Wenn hinter der Forderung der solidarischen Verpflichtung nicht die Absicht verborgen ist, daß die Provinzen auf die Königliche Gnade selbst verzichten sollen, sondern nur die, daß das Publicum vollständig gegen Verluste geschützt bleibe, so läßt sich ein Ausweg vorschlagen, wodurch dieser Zweck auf das Vollkommenste erreicht wird.

Ich gehe hier von dem Grundsatze aus, daß die Concession nur auf den Grund eines soliden Statuts ertheilt werde, daß in diesem den Actionairen die Verpflichtung auferlegt ist, ein angemessenes Capital einzuschießen, daß die Regierung die Erfüllung der statutarischen Verpflichtung überwacht, und daß eine der Verpflichtungen der Bank darin bestehe, mindestens alle Monat ihren Status bonorum zu veröffentlichen. Dies alles vorausgesetzt, braucht nur in das Statut die Bestimmung aufgenommen zu werden, daß, wenn wider Erwarten, aus welchem Grunde es sei, vom Stamm-Kapital der Bank 10 Procent eingebüßt werden sollten, die Societät verpflichtet würde, entweder das Fehlende zuzuschießen, oder daß, wenn sie dies unterließe, der Regierung die Befugniß bliebe, die Bank wieder aufzulösen.

Es wird Niemand in der Welt bestreiten können, daß durch die Annahme der vorstehenden Bestimmung das Publicum für allen Verlust bei der Bank sicher gestellt ist, und daß, wenn dennoch von Seiten der Behörde auf solidarische Vertretung bestanden werden sollte, dies nur mit andern Worten heißt: man will die Provinzial-Banken unmöglich machen *).

Was den zweiten Punkt betrifft, so macht dieser, wenn ich den Sinn der in der Cabinets-Ordre unbestimmt gefaßten Worte richtig verstanden habe, die Gründung von Provinzial-Banken eben so unmöglich, wie der erste.

Eine Bank ohne die Befugniß zur Emission von Noten ist zu vergleichen mit einem hinkenden Pferde, welches ein Wettrennen halten soll. Das Kapital einer solchen Bank kann nur sehr niedrige Zinsen abwerfen, weil die Verwaltungskosten zu hoch sind, oder sie muß sehr hohe Zinsen nehmen, wodurch sich ihr wohlthätiger Einfluß auf den Handel und Verkehr vermindert.

---

*) Werden denn die Theilnehmer an der Königlichen Bank auch solidarisch sich verhaften müssen? ist dies der Fall, so wird es mit der Zeichnung flau gehen; Rothschild wird dann keine Actien nehmen, auf welche doch vielleicht gerechnet sein möchte.

Eben in der Noten-Emission liegt der Haupt-Vortheil; sie ist nicht allein für die Theilnehmer der Sporn, ihr Kapital herzugeben, sondern auch der Wohlthäter des gewerbtreibenden Publikums, weil es durch sie allein möglich wird, nach dem jedesmaligen Bedürfnisse die Circulationsmittel zu vermehren oder zu vermindern.

Wenn daher die Absicht des Monarchen dahin geht, den gedrückten Geldmarkt in den Provinzen seiner Monarchie zu bessern, den Flor des Ackerbaues, des Handels und der Gewerbe, den Wohlstand seines Volkes zu fördern, woran um so weniger zu zweifeln ist, da ich dies aus seinem eigenen Munde vernommen habe, so bleibt wohl nichts übrig, als den Provinzial-Banken die Emission von Noten zu gewähren. Diese Emission von Noten ist nun aber eben das, was der Minister Rother nicht zu wollen scheint. Die Königliche Bank kann, wenn sie Noten ausgiebt, zu 4 pCt. ihre Darlehne fortgeben, die Provinzial-Banken würden, wie die Stettiner Bank, 5 und 6 pCt. nehmen müssen; dies wirft einen angenehmen Schein auf die Verwaltung der Königlichen Bank und sichert ihr den Andrang des geldbedürftigen Publikums. Aber, wird man mir einwenden, die Pommersche Ritterschaft-Privat-Bank giebt auch keine Noten aus und besteht doch. Die Pommersche Bank war früher allerdings befugt, Noten auszugeben, die zugleich die Natur des Papiergeldes hatten, weil sie bei den Staatskassen angegeben werden mußten.

Auf diese Befugniß hat sie gegen eine jährliche Rente von 17,500 Thalern verzichtet. Diese Zubuße, die bedeutende Summe Depositen-Kapitale, die sie zu einem sehr niedrigen Zinsfuß genießt, und 5 und 6 pCt. Zinsen, die sie nimmt, haben es bewirkt, daß sie noch außer den Zinsen eine Dividende zahlt; aber ihre Actien stehen niedrig, und wenn die erweiterte Königliche Bank ins Leben tritt, so wird sie bei den ihr feindlichen Gesinnungen des Ministers Rother für die Folge nur kümmerlich fortbestehen können.

Die Lösung der wichtigen Frage, ob den Provinzen die ihnen von Sr. Majestät zugedachte Wohlthat wirklich zu Theil werden solle, hängt daher davon ab, daß die solidarische Vertretung wegfällt, und daß die Noten-Emission erlaubt wird. Geschieht dies, so erzeigt der König dem Lande eine große Wohlthat, und wenn es auch keineswegs das ist, was ich für das Zweckmäßigste gehalten habe, so ist es jedenfalls der erste Schritt zum Besseren, und somit der Weg angebahnt, daß, wenn einst der Hauptremmschuh entfernt sein wird, es möglich werde, aus diesem Stückwerke etwas Großes und Ganzes zu schaffen.

Wenn ich mir nun noch einmal die in der Bankangelegenheit getroffene Entscheidung im Gedächtniß recapitulire und im aufrichtigen Interesse der Krone und des Landes bedaure, daß durch sie eine große National-Angelegenheit, vorläufig wenigstens, gescheitert zu sein scheint, und in Folge derselben ein Plan verfolgt werden soll, der mangelhaft und keines-weges richtig berechnet ist, und, ohne Nutzen zu gewähren, Verlegenheiten herbeiführt, so kann ich mich noch immer nicht der Hoffnung erwehren, daß der jetzige Plan, in so weit er die Banknoten betrifft, scheitern, und seine Realisirung bis zur Zusammenberufung der Stände ausgesetzt werden wird, um dem Lande dann eine großartige Institution zu gewähren, geeignet, der Regierung in guten Zeiten die Mittel zu überweisen, große Landes-Unternehmungen (Eisenbahnbauten) durchzuführen und in den Zeiten der Gefahr zur Kräftigung der Macht des Staates beizutragen. Aus diesen Gründen betrachte ich denn auch die von mir in der Banksache gemachten Anstrengungen nicht als verloren, jedenfalls haben sie den Nutzen gehabt, diese wichtige Frage lebendig angeregt zu haben; das Kind ist geboren und wird die Windeln nicht lange tragen.

In der vorliegenden Schrift habe ich mitgetheilt, was ich beabsichtigt, was ich gethan habe und wie ich noch über die Bankfrage denke, ich habe nichts zu beschönigen gehabt, nichts zu verschleiern gesucht, da keine Veranlassung dazu vorlag. Ich beklage es, daß man von so verschiedenen Seiten her nicht begreifen kann, wie man ohne Eigennutz sich einer großen Sache widmen könne, noch mehr beklage ich es, daß man diejenigen, die mit voller Ueberzeugung eine Sache vertheidigen, persönlich anfeindet; nicht minder beklagenswerth erscheint mir die Gleichgültigkeit, die sich so häufig gegen jeden materiellen Fortschritt zeigt, selbst wenn dieser in keiner Beziehung zur Politik steht.

Nachwort.

Durch die verzögerte Herausgabe dieser kleinen Schrift über das Bankwesen in Preußen ist mir die Gelegenheit gegeben, dem Leser noch Einiges über den neuesten Stand dieser Angelegenheit mitzutheilen.

Wie vorauszusehen war und wie es auch in der vorstehenden Schrift entwickelt worden ist, mußte der Bankplan, wie ihn die Cabinets-Ordre vom 11. April bezeichnete, bei der Ausführung auf wesentliche Hindernisse stoßen.

Dieser Fall ist denn auch wirklich eingetreten, und in Folge dessen beabsichtigt man mehrere Veränderungen eintreten zu lassen.

Da die Ausfertigung der Banknoten durch die Mitglieder der Staatsschulden-Verwaltung auf unübersteigliche Hindernisse gerathen zu sein scheint, so soll jetzt die Ausfertigung derselben der Bank-Verwaltung selbst übertragen werden. Ferner scheint man sich überzeugt zu haben, daß eine Vermehrung der Circulations-Mittel um 6,666,666 Thlr. von zu geringem Einfluß auf die Belebung des Verkehrs sein würde, daher beabsichtigt man die Summe der Banknoten bis auf 20 Mill. zu vermehren. Auch scheint man es gefühlt zu haben, daß es besser sei, die Fonds der Pupillen nicht mit denen der erweiterten Bank zu vermischen und will diese daher getrennt verwalten. Da aber, wenn dies geschieht, die Fonds der Bank nur aus 20 Mill. Banknoten bestehen würden, so sieht man sich genöthigt, 10 Mill. Thlr. durch Privatleute zeichnen zu lassen, um auf diese Weise einen Realisations-Fonds für die auszugebenden Banknoten zu erhalten. Um den Conflikten mit den Theilnehmern vorzubeugen, sollen die von diesen eingeschossenen Capitalien verzinset werden und dieselben außerdem noch von dem reinen Gewinn der Bankoperationen eine Dividende beziehen; übrigens sollen diese 20 Mill. nur in dem Verhältniß ausgegeben werden, wie die Zeichnung der 10 Mill. erfolgt.

Endlich scheint es, als wenn diese Banknoten, obgleich die frühere Bestimmung ihrer Annahme bei den Staatskassen unverändert bleibt, doch nicht die Garantie des Staats erhalten sollen. Da die jetzt bestehende drückende Geldnoth immer größere Verluste in allen Klassen der Nation herbeiführt, und mithin eine wirksame Hülfe mit jedem Tage dringender wird, so liegt es wohl im nahen Interesse des Regierung selbst, wie des Landes, den neuen Plan vor dessen Ausführung einer Prüfung zu unterziehen, inwiefern derselbe den wohlwollenden Absichten des Königs entspricht und überhaupt ausführbar erscheint oder nicht.

Was die Vorfrage betrifft, inwiefern eine Vermehrung der Banknoten und eine verzinsliche Anleihe von 10 Mill. Thalern als eine Verletzung des Gesetzes vom 17. Jan. 1820 betrachtet werden müsse, wird davon abhängen, ob das neue Institut ohne die Garantie des Staates ins Leben gerufen werden könne. Offen bekenne ich, daß meine Fassungsgabe mich dabei im Stiche läßt, wie es möglich sein soll, daß ein Königl. Geldinstitut eine Verwaltung führen könne, ohne daß die Regierung dabei betheiligt bleibe, ganz besonders da die von ihr ausgegebenen Schuldverschreibungen bei den Zahlungen an die Staatskassen angenommen werden sollen. Bleibt aber die Garantie des Staates bestehen, so unterscheidet sich der neue Plan in Beziehung auf das Staatsschulden-Gesetz von dem früheren nur dadurch, daß nach diesem die neue Staatsschuld dreimal so hoch kommen würde; denn es sollen außer den früher bestimmten 10 Mill. Banknoten noch eben so viel neue ausgegeben und 10 Mill. baares Geld vom Publikum angeliehen werden, wodurch sich die Summe, für welche die Regierung verhaftet bleibt, von 10 Mill. Thalern auf 30 Mill. erhöht.

Daß die Regiernug hierauf eingehen sollte, ist aber um so weniger zu erwarten, da in der Cabinets-Ordre vom 11. April d. J. ausdrücklich bestimmt wird, die Staatsschulden-Verwaltung solle darauf wachen, daß niemals mehr als 10 Mill. Banknoten ausgegeben würden.

Der einzige denkbare Fall, um die eben bezeichneten Widersprüche zu beseitigen würde der sein, daß man beabsichtigte eine Privat-Bank, jedoch unter Leitung einer Staats-Verwaltung, zu errichten.

Wäre dies aber wirklich die Absicht, so läge hierin der Uebergang von einem System zum anderen, nämlich von dem der Staatsbanken zu dem der Privatbanken, und insofern könnte es als ein Fortschritt bezeichnet werden. Nur zu bedauern bliebe es dann, daß man nicht gleich den Capitals-Fonds der Bank bedeutender machte, um der jetzigen Geldnoth kräftig entgegentreten zu können.

Inzwischen ist es nicht wahrscheinlich, daß man schon jetzt einen solchen Uebergang will. Durch den neuen Plan werden daher die Schwierigkeiten der Ausführung nicht vermindert sondern vermehrt, und wenn man auf ihn eingehen wollte, würde es sich nur zu bald zeigen, in welch' Labyrinth man sich verwickelt hätte.

Was nun die Vermehrung der auszugebenden Banknoten betrifft, so ist von dieser wenig Erfolg zu erwarten. Nach dem bisherigen Plane würden die Circulationsmittel sich, wie vorhin gezeigt ist, um 6,666,666 Thlr. vermehrt haben; aus der verdoppelten Ausgabe wird sich als Resultat nur eine abermalige Vermehrung von 3⅓ Mill. herausstellen. Ein Rechnungs-Exempel wird dies deutlich machen.

Nach dem vorhin mitgetheilten Plane würden die Fonds der Bank im Fall des Gelingens gebildet werden aus

dem baaren Einschuß von	10,000,000	Thlr.
und aus den Noten zum Betrage von	20,000,000	"
in Summa	30,000,000	Thlr.
von dieser Summe die zur Realisation der Banknoten bestimmten Summe mit	10,000,000	Thlr.
abgezogen, verbleiben	20,000,000	Thlr.
dagegen sind durch die baaren Einschüsse der Theilnehmer dem Verkehr entzogen	10,000,000	Thlr.
an baarem Gelde mithin beträgt d. Vermehrung	10,000,000	Thlr.

eine Summe, die auf keine Weise das Geld-Bedürfniß nur entfernt zu befriedigen im Stande sein würde; denn abgesehen von dem gegenwärtigen, in Folge der Geldnoth allgemein gedrückten Zustand der Gewerbe und der Summen, die nöthig scheinen, um den Mangel an Circulationsmitteln zu entfernen, werden zu den noch beabsichtigten Bahnstrecken mindestens noch 50 Millionen erforderlich sein, die dem Verkehr entgehen.

Bei den sich jetzt erneuernden Berathungen über die Erweiterung der Königl. Bank muß daher die ganze Sorge der Verwaltung dahin gerichtet sein, sich für Maaßregeln zu entscheiden, welche auf der einen Seite nicht die Regierung in unangenehme Conflicte mit den Ständen verwickeln, oder die durch eine Vermehrung des Papiergeldes den Staats-Credit zu erschüttern drohen, und die auf der anderen Seite geeignet sind, die gegenwärtige Lage des Geldmarktes zu bessern und dem Ackerbau, dem Handel und den Gewerben die Mittel zu ihrem Betriebe zu gewähren, was nur allein Privat-Zettelbanken vermögen, wie sie bereits mit so günstigem Erfolge in ganz Europa, und selbst in solchen Ländern bestehen, über welche sich Preußen in Hinsicht der geistigen und materiellen Entwickelung doch sonst weit erhaben wähnt. Die Regierung wird es gewiß nicht unterlassen, die Stimmen derjenigen hohen Staatsbeamten, welchen die Verwaltung der Finanzen und die Vertretung der Handels-Interessen anvertraut ist, zu hören und auf deren Rathschläge gestützt, die materielle Wohlfahrt des preußischen Volks zu fördern.

Es bleibt jetzt noch übrig, die Aufmerksamkeit des Lesers auf die in ihrem Entstehen begriffene Bank in Dessau zu richten und auf den Einfluß, welchen diese Institution vielleicht auf die Geldverhältnisse Preußens zu üben im Stande sein möchte. Die sogenannte deutsche Bank in Dessau, welche unter der Aegide des Herzogs mit dem Gelde Pariser Banquiers ins Leben gerufen werden soll, hat die fabelhaft klingende Bekanntmachung erlassen, in dieser kleinen Nachbarstadt eine Bank zu errichten mit einem unter Umständen anwachsenden Grund-Capital von bis zu hundert Millionen Thalern. Daß Dessau kein Platz sei, der irgend bedeutende Fonds zu beschäftigen im Stande ist, bedarf keiner weiteren Auseinandersetzung, und ebensowenig, daß das ganze Projekt den Charakter einer großen Schwindelei trägt; die einzige günstige Aussicht für das Gelingen dieses Unternehmens beruht auf der

Mangelhaftigkeit des Bankwesens in Preußen, so wie auf dem dort bestehenden Geldbedürfniß. Zwar hat bis jetzt jene im Entstehen begriffene Bank in Preußen keinen Anklang gefunden, da man einmal noch immer gehofft hat, die preußische Regierung werde sich unmöglich einer wahrhaften Förderung der materiellen Interessen ihrer Unterthanen entziehen; zum andern, da man nur zu gut einsieht, daß, sowie in Preußen ein anderes Geldsystem als das jetzige verfolgt wird, die Dessauer Bank nothwendig verkümmern muß und die Unternehmer keinen Gewinn aus dieser ziehen werden; zum dritten, da, selbst den Fall vorausgesetzt, der Dessauer Bank gelänge es in Folge der jetzigen Conjuncturen ihre Geschäfte auszudehnen und den von ihr ausgegebenen Noten einen weiteren Umlaufskreis zu verschaffen, eine Bank an einem Orte wie Dessau, wo im Fall einer bedeutenden politischen oder Handels-Krisis selbst die besten Papiere nicht zu versilbern sein würden, stets der Gefahr ausgesetzt bleibt, ihre Zettel bei starkem Andrange unrealisirt lassen zu müssen *).

Sollten inzwischen in Preußen nicht wirksame Mittel ergriffen werden, den bestehenden Geldmangel zu entfernen, und

*) Als der Herr von Rothschild zu Paris aufgefordert ward, der Dessauer Bank beizutreten, soll er geantwortet haben: Me-croyez-vous assez bête pour prendre part à la banque.

die preußischen Unterthanen sich somit von der eigenen Regierung verlassen fühlen, so werden auch die preußischen Capitalisten sich dorthin wenden und die Hülfsbedürftigen gezwungen werden, sich der Dessauer Bank zu bedienen. Geschieht dies, so werden in der Folge die Noten der Dessauer Bank gleich denen so vieler anderer Nachbarländer Preußen überschwemmen und Dessau den preußischen Geldmarkt beherrschen. Wenn aber, wie gesagt, die preußischen Unterthanen durch den Mangel an Circulationsmitteln gezwungen werden sollten, die Dessauer Noten zu nehmen, so wird dies eine Steuer, die Preußen dem Auslande entrichtet, und sollte demnächst die Dessauer Bank in Verlegenheit wegen der Realisation der Noten gerathen, und in Folge dessen ihre Zahlung einstellen müssen, so werden preußische Unterthanen Millionen dabei verlieren.

Ganz unmöglich scheint es daher, daß die preußische Regierung dies mit Gleichgültigkeit betrachten kann; würde nicht das ganze Land hierin eine Bestätigung zu finden berechtigt sein, daß die Verwaltung den materiellen Interessen des preußischen Volks keineswegs die gehörige Aufmerksamkeit schenke?

Das einzige und durchgreifende Mittel dagegen ist, ich kann es nicht oft genug wiederholen, den eigenen Geldmarkt zu ordnen durch große Landesbanken, und so der Bedrängniß ein Ende zu machen. Ist dies für den Augenblick nicht möglich, so möge man wenigstens die Errichtung von Provinzial-Banken erleichtern und nicht ihre Gründung durch unannehmbare Bedingungen unmöglich machen, wie die Cabinetsordre vom 11. April, an den Minister Rother gerichtet, dies theilweise thut.

Bülow-Cummerow.

A.

Die beabsichtigte

Bank von Berlin

und

ihr Einfluß auf den Verkehr.

Im December 1844.

In einer allerunterthänigsten Eingabe habe ich Se. Majestät den König gebeten, mich zur Errichtung einer Bank von Berlin autorisiren zu wollen, welche ermächtiget wird, Darlehen zu nehmen und zu gewähren, Lombard- und Disconto-Geschäfte zu machen; auch gegen Deponirung einer gleichen Valuta in baarem Metall oder feinen Disconto-Wechseln, Banknoten auszugeben, jedoch die kleinsten zum Betrage von 50 Thlrn. Die Gesellschaft soll nach dem von mir übergebenen Plane ihr Geschäft mit einem Capital von 2½ Mill. Thalern beginnen, jedoch befugt sein, sobald das Bedürfniß es fordert, diese bis zur Höhe von 10 Mill. Thalern zu erweitern.*)

Ueber die Nothwendigkeit und Nützlichkeit einer zu errichtenden Privat-Bank in Berlin

Wenn irgend Etwas den Beweis führt, wie weit Preußen in commerzieller und finanzieller Beziehung zurückgeblieben ist, und wie wenig die ersten Grundsätze der National-Oeconomie bisher practische Anwendung gefunden haben, so liegt dieser Beweis in dem Mangel von Landes-Banken. Ein unumstößlicher Satz bleibt es, daß der Verkehr von den Mitteln zum Verkehr bedingt wird. Das Geld und der Credit sind dem Handel, der Production und der Fabrikation das, was die Lebensluft dem animalischen Körper ist; wo diese fehlt, ist keine Gesundheit. Der Flor eines Landes, der Wohlstand seiner Bewohner entspringen aus dem Reichthume seiner Production, aus der Geschicklichkeit sie zu verarbeiten und der Lebhaftigkeit des Handels. Dies ist nicht abzuleugnen, und

*) Anmerkung. Diese erste Eingabe, in welcher auch schon der Möglichkeit der Erweiterung der Bank durch Filialen über alle Theile der Monarchie gedacht war, erfuhr in Folge der Theilnahme, welche sich in vielen Provinzen zeigte, die wesentliche Veränderung, daß späterhin um eine preußische Landes-Bank gebeten ward.

ebensowenig der obige Satz, daß die eben genannten drei großen Hebel des National-Reichthums, des Geldes und des Credits zu ihrem Aufblühen bedürfen. Wenn man aber den Zweck will, so muß man auch die rechten Mittel wollen, und diese sind: einmal Vermehrung des Credits derer, die ihn bedürfen und verdienen, durch eine mächtige Association von Capitalisten, die gleichsam die Assecuranz der Sicherheit derer übernimmt, die sich an sie wenden, und zum Andern die Vermehrung der Geld-Repräsentation durch auszugebende Banknoten.

Wenn aber der Verkehr des Geldes und des Credits zu seiner Blüthe nothwendig bedarf, so muß man, um ihn zu fördern, Beides schaffen, und dies kann am wirksamsten durch Banken geschehen. Banken, wohl organisirte, mit den nöthigen Mitteln versehene, sind dem Verkehre ebenso unentbehrlich, als dem Staate eine wohl organisirte Verwaltnng. Wie bei der jetzigen Gestaltung der politischen Stellung ein starkes Kriegsheer die Selbstständigkeit des Staats schützt, ebenso findet der Verkehr nur Schutz gegen die Despotie des Geldes, gegen den Wucher, wenn ihm ein großes Geldarmeecorps zur Seite steht, das ihm die Mittel zum Betriebe sichert. Der Nutzen, ja das Bedürfniß von Banken ist nicht allein theoretisch zu beweisen, sondern die Erfahrung aller Zeiten und aller Länder zeigt, daß es keinen zugleich blühenden und gesicherten Handel giebt, ohne die Vermittlung von Landes-Banken.

So nützlich auch Preußen bisher die Königlichen Bank-Institutionen in mancher Beziehung gewesen sind, so können diese nur als ein momentanes Aushülfs-Mittel betrachtet werden, denn sie vermögen nicht den hier bezeichneten Zweck zu erfüllen, und dürfen nur als ein Surrogat betrachtet werden, so lange der Nation die zu solchen Unternehmungen nöthigen Capitalien fehlen. Die Hauptbestimmung der Staats-Banken ist es wohl, die Geldgeschäfte der Regierung zu besorgen, und in dieser Beziehung könnten sie bei einer andern Organisation des ganzen Cassenwesens sehr wesentliche Dienste leisten; ein wichtiger Nutzen, den sie dem Lande bis jetzt gewährt haben, besteht darin, daß sie theilweise die in den Staats-Cassen todt liegenden Capitalien dem Verkehre wieder zuführen und zinsbar benutzen, daß sie die Pupillen-Gelder, bis die Vormünder eine Gelegenheit zu ihrer Unterbringung finden, gleichfalls verzinsen und wieder in Circulation setzen; allein da sie die vom Staat ihnen anvertrauten Fonds, so wie die der Minorennen und milden Stiftungen jederzeit disponibel halten müssen, so ist der Kreis ihres Wirkens und ihres Creditgebens beschränkt, und die Belebung des Verkehrs nicht der Hauptzweck; dazu kommt, daß in ihrem Verkehr mit dem geldbedürftigen Publicum manche Unterbrechungen eintreten können. Namentlich ist dies der Fall bei allen politischen Crisen, die irgend eine nähere oder entferntere Beziehung auf mögliche Störung des Friedens haben. Bei der Richtung, die der Geldmarkt genommen hat, giebt es keinen isolirten mehr, sondern nur noch einen europäischen, und jede politische Wolke, welche sich zwischen den fünf Großmächten zeigt, trifft electrisch die sechste, deren Repräsentant Rothschild ist, mit. In solchen Augenblicken sind die Regierungs-Banken stets genöthigt, ihre Fonds für ihren eigenen Bedarf mobil zu erhalten, mithin aus hohen staatlichen Rücksichten gezwungen, sie dem Verkehre zu entziehen; aber eben in solchen Momenten bedarf der durch die Vibration des Geldmarktes bedrohte Verkehr eines festen Stützpunktes, und wenn ihm dieser fehlt, wird in wenigen Monaten oft mehr zerstört, als in vielen Friedensjahren aufgebaut ist.

Die Landes- oder Privat-Banken unterscheiden sich nun wesentlich, wie wir zeigen werden, von den Staats-Banken sowohl durch einen von diesen völlig abweichenden Ausgangspunkt, als durch die viel freiere Bewegung und einen größeren und in den meisten Punkten ganz anderen Kreis von Geschäftsverkehr. Dies ist so wahr, daß beide, eine richtige Auffassung ihrer Interessen vorausgesetzt, nicht mit einander rivalisiren, sondern sich hülfreich einander in die Hände arbeiten können; denn die Erfahrung lehrt, daß, wenn der Verkehr in einem Kreise lebhafter wird, die Vortheile auch auf andere übergehen, daher denn auch die Königl. Bank in Stettin, seitdem dort die ritterschaftliche Privat-Bank entstanden ist, weit größere Geschäfte macht, als jemals vorher.

Wie nun die Königl. Banken, aus dem höheren Regierungs-Gesichtspunkte aufgefaßt, zunächst darauf angewiesen sind, die Geldgeschäfte der Regierung und der, unter ihrer Bevormundung stehenden, Stiftungen und Minorennen zu besorgen; die diesen gehörigen Capitalien wieder in Circulation zu bringen, und sie zu benutzen, so ist, aus dem national-öconomischen Gesichtspunkte betrachtet, die Aufgabe der Landes-Banken: die Geld- und Credit-Verhältnisse der Privaten im Staate zu regeln, zu beleben und die Vermittler zwischen den Capitals-Inhabern und den Capitals-Suchenden zu machen; auf der einen Seite mithin die dazu erforderlichen Mittel zu gewähren, auf der anderen den Capitalisten eine Gelegenheit zur nutzbaren Unterbringung ihrer Capitalien zu verschaffen.

So wie die Lebhaftigkeit aller Gewerbe und der Umfang des Handels davon abhängt, daß Diejenigen, die diese betreiben, jederzeit gegen eine, an gewisse Normen gebundene, Sicherheit Darlehen oder Credit-Anweisungen zu einem billigen, nicht wesentlich schwankenden Zinsfuß erhalten können, so gewähren die Banken wiederum den Capitals-Besitzern den großen Vortheil, einmal ihr Geld zugleich sicher unterbringen und hoch benutzen zu können, auf der andern Seite von denjenigen Geldern, welche sie disponibel zu erhalten wünschen, durch Niederlegung bei den Banken wenigstens einige Zinsen zu genießen. Letzteren Vortheil gewähren die Staats-Banken zwar ebenfalls, allein die Landes-Banken unterscheiden sich wiederum dadurch von diesen, daß sie nicht bloß indirect, worauf ich zurückkommen werde, sondern auch direct die Capitalien vermehren und daher Capitalien schaffen, was die Königl. Banken nicht vermögen. Wie bedeutend diese directe Vermehrung der Capitalien da stattgefunden hat, wo Banken errichtet worden sind, beweiset die hier folgende kurze Uebersicht des Courses der Actien einiger derselben:

erstens, die Actien der Wiener Bank, welche aus einem Einschuß von 600 Gulden bestanden, stehen jetzt 1645 in Cours notirt;

zweitens, die der französischen Bank sind von 1000 Fr. Einlage Geld auf 3265 gestiegen;

drittens, die der erst in neuester Zeit errichteten Leipziger Bank haben eine Courserhöhung von 56 pCt. erfahren, und werden eine weit höhere erleben, wenn der Geschäfts-Verkehr sich erst weiter entwickelt haben wird;

viertens, die der Münchener Bank, welche von 500 auf 770 gestiegen sind.

Bei der günstigen Localität der Residenz Berlin, bei der Gewerbthätigkeit Preußens werden, wenn die Regierung der Bank keine hemmenden Fesseln anlegt, die Actien sich des höchsten Courses erfreuen.

Inzwischen verschwinden die Vortheile einer solchen Capitals-Zunahme im Vergleich zu dem indirecten Nutzen solcher Banken, in Folge des unendlichen Einflusses, den sie auf die Lebhaftigkeit des Waaren-Handels und des Verkehrs üben, wovon alle Institute dieser Art ohne Ausnahme ein Zeugniß geben. Die in ihren Mitteln beschränkte, gegenwärtig in ihren Geschäftskreis sehr zurückgezogene Bank von Pommern zu Stettin setzt circa 60 Millionen jährlich um, mithin werden durch ihre Vermittlung so viele Geschäfte mehr gemacht. Die von uns beantragte Bank von Berlin würde wegen ihrer Verhältnisse zu Berlin selbst und zum In- und Auslande, besonders zu den Zollvereins-Staaten, in sehr naher Zeit einen mindestens fünffachen Umschwung des Betriebes gewinnen, mithin circa 300 Millionen umsetzen. Welcher Gewinn würde daraus für das mit der Bank verkehrende Publikum entspringen? Und wenn in weiterer Folge, nachdem sich der Nutzen der Berliner Bank bewährt hätte, nun auch in Preußen, Posen, Schlesien, den Rheinprovinzen und Westphalen, wo das Bedürfniß es eben so dringend fordert, Banken gegründet werden sollten, so würde dies einen neuen Abschnitt in der Entwickelung des Handels und der Industrie der preußischen Monarchie ausmachen. Aber auch die Staats-Cassen würden dadurch einen großen Zuwachs der Einnahme erfahren.

Wo, wie in Preußen, Einfuhrzoll, Stempel-Abgaben und Consumtions- und Gewerbe-Steuern bestehen, zieht die Regierung eine bedeutende Einnahme aus der Vermehrung der Geschäfte. Bei den meisten derselben ist ein Stempel erforderlich, die Zunahme der Einfuhr durch Erweiterung des Handels wirft bedeutende Summen durch die Zölle ab, die Zahl der Gewerbtreibenden vermehrt sich mit dem Umfang der Geschäfte, und vor Allem steigt die Consumtion im Verhältniß zu dem Nutzen, den die Einzelnen aus den Geschäften ziehen.

Wie hoch sich der Durchschnitts-Gewinn für den Staat belaufen würde, ist in Zahlen nicht zu ermitteln; inzwischen kann man als Minimum 1 bis 1½ pCt. des Umsatz-Capitals annehmen. Die Erfahrung in Pommern bestätigt dies, und wenn wir einen Blick auf England und Frankreich werfen, wo die vierteljährigen Einnahmen veröffentlicht werden, so sehen wir, wie bedeutend die Lebhaftigkeit oder die Gedrücktheit des Handels und der Gewerbe auf die Staats-Einnahmen einwirkt. Sollte nicht hierin allein schon eine Aufforderung für die Regierung liegen, den Verkehr zu befördern; oder soll Preußen auch in der materiellen Entwickelung ganz zurückbleiben?

Wenn wir nun von dem allgemeinen Nutzen der Banken auf den speziellen der von mir für Berlin beantragten übergehen, so liegt eine solche Justitution in dem allerdringendsten Bedürfniß. Berlin und ein großer Theil der Monarchie befinden sich in einer von den bedeutenden Geldkrisen, welche dahin führen werden, daß entweder der Bau der Eisenbahnen unterbrochen werden muß, oder ein großer Theil der Guts- und Hausbesitzer nebst den Gewerbtreibenden und Kaufleuten darüber zu Grunde gehen.

Die Errichtung einer Bank für Berlin mit großen Fonds und die Ausgabe von Banknoten würden ein bedeutendes Gegengewicht auf die augenblickliche destructive Tendenz üben und jedenfalls der jetzigen Geldcalamität kräftig entgegenwirken; zwar wird sie zunächst nur auf den Börsen-Verkehr und auf leichteren Credit der Gewerbtreibenden einwirken, allein sowie die Bedrängtheit, in welche diese durch die Verwendung vieler

Capitalien auf den Bau von Eisenbahnen gerathen sind, auf die Grund- und Hausbesitzer durch Aufkündigung von Capitalien zurückwirkt, so wird die Besserung des Credits und die Vermehrung der Circulationsmittel wenigstens weitere Kündigungen abwenden.

Dieser letztere Punkt, die Ausgabe von Banknoten, ist besonders wichtig, und da gegen dieses treffliche Hülfsmittel noch zum Theil ein gewisses eingewurzeltes Vorurtheil besteht, welches beseitigt werden muß, so sei es mir erlaubt, mich darüber näher auszusprechen. Ein Haupteinwand gegen die Ausgabe von Banknoten besteht darin, daß sich die Societäten möglicher Weise verleiten lassen könnten, durch eine ungebührliche Ausgabe derselben dem Publikum Verlegenheiten und Verluste zu bereiten. Einer solchen Besorgniß kann jedoch leicht vorgebeugt werden, wenn, wie ich es vorgeschlagen habe, die Valuta der in Cours gesetzten Banknoten in baarem Gelde oder in jederzeit leicht zu versilbernden Effecten in einem besonderen, unter der Controle eines Regierungs-Bevollmächtigten stehenden Depositorio niedergelegt wird, so daß eine stets leicht zu versilbernde Valuta für die ausgegebenen Noten im Tresor vorhanden bleibt.

Ein anderer Einwand, der jedoch ebenfalls völlig zu beseitigen ist, besteht darin, daß durch Noten die Ausgabe von zinslosen Staatspapieren beengt würde. Diesem Einwande bin ich dadurch begegnet, daß nur Noten von 50 und 100 Thalern ausgegeben werden sollen, mithin solche, die rein auf den größeren Börsen-Verkehr und auf den mit auswärtigen Plätzen angewiesen sind. Die sächsische Regierung hat der Leipziger Bankt erlaubt, Noten von 20 Thalern auszugeben, die kleinen Noten der Wiener Bank sind Geld geworden und die der Münchener Bank werden in den Baierschen Staats-Cassen angenommen.

Die Ausgabe von Noten, abgesehen von der Bequemlichkeit, welche sie bei einem großen Geschäfte gewährt, führt folgende bedeutende Vortheile mit sich:

Erstens, daß die Bank nicht so große Summen baaren Geldes todt bei sich aufzubewahren braucht, als ein lebhafter Verkehr, bei welchem die Bank nie vorher wissen kann, wie viel Geschäfte ihr im nächsten Augenblick bevorstehen, es fordert, und sie mithin dem Publikum, wenn ihr das Geld weniger kostet, es zu einem niedrigeren Zinsfuß belassen kann, als es der Fall ist, wenn sie zu bedeutende Summen in ihren Cassen angehäuft liegen lassen müßte, wie dies bei den königl. Geldinstituten oft der Fall sein soll.

Zweitens, daß die Ausgabe von Banknoten den Verkehr auf fremden Plätzen sehr erleichtert und nutzbarer macht. Es kann einer Bank, mit solchen Mitteln ausgestattet, nicht schwer fallen, ihren Noten einen weiten Kreis zu eröffnen, besonders wenn sie gleich anfangs dafür sorgt, daß bedeutende Häuser auf den großen Börsen-Plätzen und in den Handelsstädten sie an sich nehmen. Je größer der Kreis ist, in welchem diese Banknoten umlaufen, um so sparsamer kehren sie zu dem Realisations-Comtoir zurück. Inzwischen muß die Ausgabe der Banknoten, selbst wenn der Werth dafür deponirt ist, doch gewisse Grenzen nicht übersteigen. Als eine solche würde ich den eigenthümlichen Fonds der Bank betrachten. Die Wiener Bank hat dies Maaß weit überschritten (150 Millionen Gulden sollen in Circulation sein), und außerdem kleine Noten ausgegeben, die als Geld in allen Händen umlaufen. Sollte nun einst in Folge äußerer Verhältnisse eine Crisis eintreten und diese Noten plötzlich zur Realisation präsentirt werden, so wird die Bank schwerlich dazu im Stande sein, und selbst wenn sie es möglich machen sollte, so würde es auf Unkosten des mit ihr verkehrenden Publikums geschehen, welchem sie dann jeden Credit in einem Augenblicke entziehen müßte, wo dieser der Unterstützung der Bank dringend bedarf. Ganz besonders wichtig ist aber

Drittens die Ausgabe von Noten in einer Zeit wie die jetzige, wo zu außergewöhnlichen Unternehmungen bedeutende Capitalien erforderlich geworden sind, und wo mithin dafür gesorgt werden muß, das fehlende Geld wieder zu ersetzen. Dies kann nur durch Anleihen im Auslande, oder durch Credit-Anweisungen, wie dies die Banknoten sind, geschehen, die den Vorzug gewähren, daß sie keine Zinsen fressen.

Viertens sind Banknoten, die der Aussteller zu jeder Stunde baar zu realisiren verpflichtet ist, für eine Institution, die den Geldverkehr leiten und zum Theil beherrschen soll, ein sicherer Barometer, ob dieser mehr oder weniger Circulationsmittel bedarf oder nicht; denn im ersteren Falle werden Banknoten gefordert, im letzteren realisirt werden. Soviel bleibt ausgemacht, soll die projectirte Bank von Berlin die Stellung in dem Geldumlauf von Preußen und Deutschland und dem Geschäftsverkehr der Zollvereins-Staaten einnehmen, welche ihr und zum Vortheil Aller gebührt, so darf die Ausgabe von Banknoten ihr nicht versagt werden; es liegt hierin eins der wesentlichsten Mittel zu einem großen Zweck.

Es ist kaum glaublich, wie weit Preußen in Hinsicht der Sicherung und Förderung des Credits und zweckmäßigen Benutzung des vorhandenen Geldes überhaupt zurückgeblieben ist, und wie wenig es dem Vorbilde anderer Länder folgt. Der Ackerbau kann nicht kräftig betrieben werden, weil in vielen Provinzen dem Grundbesitzer der nöthige Credit abgeschnitten ist. Den Fabrikanten, den Kaufleuten fehlt es an Betriebsmitteln und an Gelegenheit diese zu bekommen. Während dessen bewegt sich ein großer Theil des Geldes langsam durch die königl. Cassen, oder wird ängstlich von den Privaten festgehalten. Dies benutzt die Leipziger Bank, um Disconto-Geschäfte in Berlin zu machen, und weil bei dieser auf Depots von Waaren stets Geld zu haben ist, so werden diese von auswärts her dort niedergelegt und dadurch der Handel nach diesem Platze immer mehr und mehr hingezogen. So z. B. ist dies außer vielen anderen Gegenständen auch mit ausländischer Wolle der

Fall; wo aber die Waare ist, finden sich die Käufer, und dort werden die Geschäfte abgeschlossen. Doch noch wichtiger als dieses Alles würde es mit Bezug auf den innern Verkehr Preußens sein, wenn in Folge der Gründung einer Bank in Berlin, ähnliche in Cöln, Breslau, Königsberg u. s. w. entständen. In nicht ferner Zeit werden diese Plätze sich durch Eisenbahnen verbunden finden; welchen Geschäfts- und Geldverkehr würden dann nicht die dort bestehenden Banken mit einander unterhalten können, und welche unermeßlichen Folgen würde dies auf den Flor des Handels, der Gewerbe und des Ackerbaues, sowie auf die Staats-Einnahmen üben!

Wie die Lage der Geldverhältnisse sich gegenwärtig gestellt hat, so muß entweder der Bau der Eisenbahnen eingestellt werden, und dies wird man nicht wollen und in vieler Beziehung nicht gut können, oder man muß Einrichtungen treffen, um den Verkehr mit Geldmitteln zu unterstützen und den Zerstörungen des Grundvermögens in Folge so häufiger Capitals-Kündigungen Einhalt zu thun.

Es entsteht nun noch die Frage: wird eine Bank, die mit 2½ Million Fonds beginnt, einen so bedeutenden Wirkungskreis haben können, als ihr hier zugemuthet wird?

Zuvörderst muß ich bemerken, daß sie es in der Hand hat, ihre Fonds jeden Augenblick bis auf 10 Mill. zu vermehren, und daß, wenn gleichzeitig eine verhältnißmäßige Summe in Noten ausgegeben wird, dies ein namhaftes Capital repräsentirt, dessen Wirkung sich durch den Credit verdoppelt und verdreifacht. Dabei darf nicht unberücksichtigt bleiben, wie durch die Errichtung von solchen Banken Gelder herbeigeführt und der Circulation übergeben werden, die jetzt unbenutzt liegen, weil es Preußen an Einrichtungen fehlt, die in den gewerbsreichen Ländern längst eingeführt sind. So z. B. werden in Berlin allein an die Civil- und Militair-Beamten viele Millionen an Gehalt ausgezahlt. Nachdem diese Summen von der Zeit an, wo sie als Abgaben erhoben wurden, sich durch eine Menge Cassen nach Berlin durchgequält haben und dem Verkehre entzogen geblieben sind, so erfahren sie ein ähnliches Schicksal in den Händen der Empfänger, welche sie unter der Sorge, bestohlen zu werden, so lange in ihrem Schranke bewahren, bis sie sie nach und nach verbraucht haben. In andern Ländern und auch in Stettin sendet der Empfänger sein Geld sofort an die dort bestehenden Banken, benutzt die Zinsen, bis er sein Geld wieder braucht, und giebt dieses dadurch dem Verkehre zurück. In demselben Falle wie die Beamten befinden sich die Privatleute und viele Gewerbtreibende; auch ihnen fehlt die Gelegenheit ihr Geld sicher niederzulegen und Zwischen-Zinsen davon zu ziehen.

Doch ich glaube im Allgemeinen nicht nöthig zu haben, mich über die Nützlichkeit der Banken umsichtigen Staatsmännern gegenüber, denen diese wenigen Worte gewidmet sind, weiter verbreiten zu dürfen, da in dieser Beziehung wohl keine Zweifel mehr bestehen können; daher habe ich besonders an das Zeitgemäße der schleunigsten Errichtung solcher Institutionen erinnern wollen, die den Credit fördern, und erlaube mir nur noch am Schlusse hinzuzufügen, daß die jetzige Geldkrisis zum großen Theil daher entstehe, weil sich so bedeutende Capitalien zum Bau der Eisenbahnen in Staub auflösen, und daß mithin Institutionen, die die Wiederansammlung von Capitalien befördern, wie dies Banken thun, recht eigentlich an der Zeit sind und noch lange ein Bedürfniß bleiben werden.

Bülow-Cummerow.

B.

Ganz gehorsamstes Promemoria.

Einem Hohen Staats-Ministerio übergeben

von

Bülow-Cummerow.

Einem Königlichen Hohen Staats-Ministerio überreiche ich in der Anlage dieses ganz gehorsamste Promemoria, in welchem ich die hohe Aufmerksamkeit Desselben auf die Wichtigkeit zu leiten suche, durch Privatbanken in Preußen den inneren Verkehr zu beleben, die jetzt mehrfach erschütterten Credit-Verhältnisse wieder herzustellen und Preußen in gewissen materiellen und politischen Beziehungen diejenige Stellung dem übrigen Deutschland gegenüber wieder zu geben, die'es theilweise schon verloren hat und ganz zu verlieren jetzt in Gefahr steht.

Wie mir bekannt ist, wird in nächster Zeit zur Berathung Einem Hohen Staats-Ministerio ein Plan zur Erweiterung des Geschäftskreises der Königlichen Bank und Befestigung des Monopols derselben vorgelegt werden. Meine Bitte geht nun dahin: gleichzeitig auch die in der nachfolgenden Schrift enthaltenen wichtigen Mittheilungen einer gründlichen Prüfung zu unterziehen.

Einleitend erlaube ich mir zu erwähnen, daß ich bereits vor etwa 8 Monaten in einer Immediat-Eingabe um die Erlaubniß zur Errichtung einer Bank von Berlin gebeten habe, und daß Se. Majestät der König den dabei betheiligten Ministerien diese zur Begutachtung übergeben hat. Seitdem ich jene einreichte, sind ähnliche Anträge von Schlesien, vom Rhein, von Posen und von Westphalen eingegangen, und beweisen, wie allgemein und dringend das Bedürfniß von Banken empfunden werde; dazu kommt, daß der ganze Osten der Monarchie sich durch den Mangel an Credit und Circulations-Mitteln in einem so gedrückten Zustande befindet, daß von einer nahen gründlichen Beseitigung der dortigen Geldnoth die Errettung dieser Landestheile von noch größerer Calamität, als sie schon jetzt treffen, abhängig geworden ist, daß es sich jetzt mithin nicht allein um die Errichtung einer Bank für Berlin handelt, sondern um die Förderung der materiellen Wohlfahrt des ganzen preußischen Staats, welche davon abhängig ist.

Da ich diese Schrift an das hohe Staats-Ministerium einer Monarchie richte, deren Lebensaufgabe es ist, an der Spitze der Intelligenz zu stehen, so würde ich fehlen, wenn ich mich hier weiter über den Nutzen von Privatbanken aussprechen wollte. Inzwischen erlaube ich mir über den speziellen

Vortheil, den Berlin *) von einer Privatbank haben würde mich in der Anlage auszusprechen.

Der Streit über den großen Nutzen von Zettelbanken ist in allen civilisirten Ländern von Europa, Rußland ausgenommen, längst beendet, und die Praxis belehrt uns darüber, welche unendlichen Hebel der Industrie Privatbanken sind. Es sei mir erlaubt, nur einige Beispiele davon anzuführen.

Nordamerika hat, beispiellos in der Geschichte, in einer kurzen Zeit durch Bankzettel Urwälder in ein mächtiges blühendes Reich umgebildet, und sein unermeßliches Reich mit Canälen und Eisenbahnen bedeckt, und aller Theorie zum Trotz sich dabei einem grenzenlosen Schwindel hingegeben, den wir aber nicht bevorworten wollen.

England dankt seinem Banksystem den hohen Aufschwung seiner Industrie und seine äußere Macht. Schottland diesem den Flor seines Ackerbaues. England würde den Verlust seiner reichen Colonien schmerzlich empfinden, der Verlust seiner Banken würde es zu Grunde richten.

Auch Frankreichs innere Industrie ist in dem Maaße gewachsen, wie sich sein Banksystem mehr über das Land verbreitet hat; die Regierung dankt diesem die Erhaltung des Staats-Credits und die steigende Zunahme der Staats-Einnahmen; allein die Bank von Paris und deren Zweigbanken setzen Tausende von Millionen jährlich um.

*) cf. die mitgetheilte Anlage A.

Selbst die Bank von Wien hat auf ähnliche Weise zur Ordnung der österreichischen Finanzen gewirkt und den Flor des Landes gefördert.

Wenn es nun auch, wie bereits gesagt, nicht nöthig sein wird, hochstehenden Staatsmännern gegenüber mich über den unendlich wohlthätigen Einfluß der Banken im Allgemeinen zu verbreiten, und eben so wenig zu entwickeln, in welcher Verlegenheit sich die Grund- und Hausbesitzer und alle Gewerbtreibenden befinden, seitdem so bedeutende Capitalien zum Bau von Eisenbahnen verwandt wurden; so scheint es mir doch nöthig, die anscheinenden Hindernisse zu beseitigen, welche sich vielleicht der Errichtung solcher Banken entgegenstellen könnten und auf die Folgen aufmerksam zu machen, welche es haben würde, wenn die Regierung den Consens zu ihrer Errichtung verweigern sollte.

In erster Reihe stellt sich hier die Frage: ob man nicht durch die Königliche Bank dem vorhandenen Bedürfnisse abhelfen könne, und ob es nicht vorzuziehen sei, das Monopol derselben aufrecht zu erhalten, wie dies beantragt wird.

Alle Finanzmänner und Staatsöconomen sind längst darüber einig, daß jedes Monopol schädlich sei, und daß keins nachtheiliger wirke als das Geldmonopol, weil dadurch alle Nerven der Industrie gelähmt werden. Daß eine solche Ansicht theoretisch begründet ist, würde leicht zu beweisen sein, wenn es hier nicht zu weit führte; daher will ich mich auf die Erfahrung berufen.

Alle Staatsbanken, so viele es deren bisher gegeben hat, gehören der Kindheit der Gesellschaft an, und haben sämmtlich mit Zahlungs-Unfähigkeit in dem Augenblicke geendet, wo ihre Wirksamkeit oft im dringendsten Bedürfniß lag; sie haben in Folge dessen das Land in Unglück gestürzt und die Regierung in die größte Verlegenheit gesetzt.

Die Staatsbanken in Stockholm, in Copenhagen und die frühere französische Staatsbank haben mit Zahlungs-Unfähigkeit geendet, die von Wien zwei Mal und die von Warschau und Petersburg desgleichen. Allein auch die preußische Staatsbank ist diesem Schicksale nicht entgangen. Beim Ausbruche des Krieges von 1806 stellte sie Capitals- und Zinsen-Zahlung ein und brachte dadurch unendliches Elend über alle Minorennen und milde Stiftungen; ja, indem sie späterhin ihre tief gesunkenen Obligationen auf der Börse aufkaufte, ging sie einen indirecten Accord ein. Dessenungeachtet bleiben ihr, wie angenommen wird, noch Passiva zu decken, die trotz der bisherigen sehr zweckmäßigen Administration nicht getilgt sein sollen.

Wenn man nun die Ansicht verfolgen wollte, der Königlichen Bank eine Organisation zu geben, um das Bedürfniß des Publikums besser wie bisher zu befriedigen, so stößt man sofort auf unübersteigbare Hindernisse. Das nächste würde sein, daß die Regierung aus dem Staatsschatze die etwa vorhandenen Passiva der Bank decken und sie außerdem mindestens mit einem baaren Capital von 15 bis 20 Millionen dotiren müßte, denn wenn ihr auch die Befugniß ertheilt würde, bis zu gleicher Höhe Banknoten anzufertigen, so würde ein Capital von 30 bis 40 Millionen immer nur nothdürftig zureichen, das Bedürfniß einer irgend regen Industrie im Umfange des Reichs zu befriedigen.

Daß die Regierung sich entschließen sollte, so große Summen dem Staatsschatz zu entnehmen, ist kaum denkbar, besonders wenn man erwägt, daß sie gleichzeitig der Bank-Direction dieselbe Geschäftsfreiheit einräumen müßte, welche Privat-Associationen haben, sollte anders dem Bedürfniß des Landes wirklich abgeholfen werden.

Inzwischen könnte man dagegen einwenden: der Regierung stehe es ja frei mit 15 bis 20 Millionen Kassen-Scheinen die Bank zu dotiren; dies würde aber zu einer Vermehrung der Staatsschuld führen, zu welcher nach den Bestimmungen des Gesetzes vom 17. Januar 1820 die Zustimmung der Stände erforderlich ist, und diese würden dieselbe niemals ertheilen, um ein dem ganzen Lande verderbliches Monopol aufrecht zu erhalten.

Allein das hier so eben allegirte Gesetz tritt auch überhaupt jeder Ausgabe von Banknoten entgegen; daher die zum Betriebe der Bank nöthigen Fonds ganz und baar aus dem Staatsschatze genommen werden müßten. Daß aber eine Summe von mindestens 30 bis 40 Millionen erforderlich sei, um den Verkehr zu beleben, den Credit zu sichern, darüber sind alle einsichtsvollen Banquiers einig, und ich berufe mich deshalb auf die Banquiers Herren Mendelssohn und Magnus und auf den Agenten der Königlichen Seehandlung Herrn Bloch. Im Widerspruch damit scheint zwar zu stehen, daß ich in meiner Immediat-Eingabe für Berlin nur 2½ bis 10 Millionen in Anspruch genommen habe; allein wenn diese Summe auch für das erste Beginnen zureichend schien, so wird auch sie, die Provinzen abgerechnet, für die Folge nicht genügen, da die Bank von Stettin mit 7 Millionen, mit welchen sie sich bewegt, und obgleich ihr eine Königliche Bank zur Seite steht, doch kaum hinreichende Fonds besitzt, um das Bedürfniß von Stettin zu befriedigen.

Bei einer Privat-Unternehmung, die besser als der Staat geeignet ist, ihren Fonds, wenn das Bedürfniß es fordert, jeden Augenblick zu vermehren, scheint es klüger, nicht gleich mit zu großen Summen zu beginnen.

Wenn, wie die Erfahrung uns darüber belehrt, alle Staatsbanken so bedauerliche Resultate geliefert haben, so liegt der Grund davon unverkennbar in der Stellung derselben zur Regierung und in den Beschränkungen, welche diese gezwungen ist den Verwaltern von Staatsfonds aufzulegen.

Alle Staatsbanken haben aus diesem Grunde, ungeachtet großer Bevorzugung, selbst bei der sorgfältigsten und umsichtigsten Verwaltung nie etwas erübrigt, und während die Actien der Wiener Bank nahe an 300, und die der Pariser über 300 pCt. im Curse stehen, hat die preußische Staatsbank, obgleich sie über 20 Millionen, größtentheils Pupillen-

Gelder, zu einem sehr geringen Zinsfuß benutzt, und obgleich sie die Zinsen von 8 Millionen Staatsschuldscheinen genießt, sich nicht zu heben vermocht.*)

Eine andere wichtige Frage bleibt hier zu erörtern. Würde in Folge der Errichtung von Privatbanken die Königliche Bank eingehen müssen, oder überhaupt beeinträchtigt werden? — Ob es ein Unglück sei, wenn die Königliche Bank einginge oder nicht, lasse ich ganz unerörtert, ich halte ihr Bestehen bei zweckmäßiger Organisation für nützlich, um die Geldgeschäfte der Regierung zu besorgen; allein ich werde nachweisen, daß durch die Errichtung von Privatbanken ihre Existenz keinesweges gefährdet, im Gegentheil gesichert werde, und daß sie außerdem alsdann bessere Geschäfte machen wird, als bis jetzt.

Letzteres erweiset sich factisch dadurch, daß die Königliche Bank zu Stettin seit Errichtung der Privatbank ein weit ausgedehnteres und gewinnreicheres Geschäft macht wie früher, ehe die Privatbank errichtet war; derselbe Fall wird allenthalben da eintreten, wo durch Privatbanken der Verkehr belebt, der Credit befestigt wird. Die Natur der Sache bringt dies mit sich. Der größte Nutzen aber, den Privatbanken der

*) Dies ist dahin zu berichtigen, daß sie 6 Millionen Kassenanweisungen und einen zinsfreien Vorschuß von 2 Millionen aus dem Staatsschatz benutzt; die beiden andern Millionen Kassen-Anweisungen sind der Seehandlung zur Disposition überlassen.

preußischen Staatsbank gewähren würden, liegt im Nachfolgenden.

Die Erfahrung hat vielfältig gezeigt, daß bei jeder politischen Crisis die Staatsbank als alleiniges Geld-Institut dann stark vom Publikum in Anspruch genommen wird, während sie in solchem Augenblick ihre Geldmittel der Disposition der Regierung bewahren muß, jenem daher keine Hülfe gewähren kann.

Die Königliche Bank hat, wie bereits erwähnt ist, jetzt in ihrem Betriebe eine Summe von über 20 Millionen, größtentheils den Pupillen, frommen Stiftungen und anderen Staats-Cassen gehörige Gelder.*) Nach den früheren Erfahrungen unterliegt es keinem Zweifel, daß im Fall eines Krieges die Vormünder und die Curatoren der Stiftungen die der Bank anvertrauten Capitalien kündigen werden. Da es aber in solchen Zeiten der Bank unmöglich sein wird, ihre ausstehenden Gelder plötzlich einzuziehen, und die Regierung ihre anderweitigen Fonds selbst bedarf, so wird die Bank in Verlegenheit gerathen und möglicherweise ihre Zahlungen einstellen müssen, was wie früher einen panischen Schreck auf der Börse hervorrufen würde.

Wenn der Staatsbank dagegen in solchen Zeiten eine mächtige Privatbank zur Seite steht, so wird diese im Stande

*) Nach einer Mittheilung des Herrn Minister Rother beträgt die von den Pupillen bei der Königlichen Bank niedergelegte Summe 22,600000 Thlr., von Privaten etwas über 5 Millionen.

sein und ein nahes eigenes Interesse haben, den Credit im Allgemeinen und den der Königlichen Bank insbesondere aufrecht zu erhalten, mithin dieser von wesentlichem Nutzen sein können. Doch ich glaube diesen Punkt vollständig erörtert zu haben, und werde nun zu anderen wichtigen Fragen übergehen.

Daß nicht allein der Flor des Landes, sondern auch in manchen Landestheilen die Existenz der Guts- und Hausbesitzer und der Gewerbtreibenden von der Befestigung des Credits und der Vermehrung der Circulationsmittel abhängig sei, ist ganz allgemein bekannt, und es beweiset dies das Geschrei aus allen Theilen der Monarchie. Gewiß wird Niemand im Stande sein, ein sichereres Mittel zur Abhülfe der Verlegenheit vorzuschlagen als Zettelbanken. Unbegreiflicher Weise finden sich jedoch noch einzelne Stimmen, welche sich gegen die Ausgabe von Banknoten erklären, und besorgen, die Verbreitung derselben könne nachtheilig werden. Alle darauf gerichtete Befürchtungen haben aber nur einen wirklichen Grund, wenn die Ausgabe ungemessen und nicht geregelt ist, und beruhen wohl zugleich in einer Verwechselung des Begriffs von Geld und Credit.

Mit dem Bankwesen genau vertraut, habe ich in meiner allerunterthänigsten Eingabe jedem begründeten Einwande zum Voraus zu begegnen gesucht, und zwar dadurch, daß ich einmal nur um die Erlaubniß zur Creirung einer solchen Summe Banknoten gebeten habe, als der Capitalsfonds der

Bank beträgt, so daß, wenn diese ausgegeben werden, immer der doppelte Werth zu ihrer Einlösung vorhanden ist. Zum Andern, daß ich verlangt habe, daß die Valuta der ausgegebenen Banknoten in einem abgesonderten Tresor theils baar, theils in jederzeit leicht realisirbaren Effecten vorhanden sein müsse. Drittens, daß ich nicht kleine Banknoten, die zu leicht in den täglichen Verkehr übergehen, sondern nur große zu 25, 50, 100 und 1000 Thalern verlange, die mehr auf die Circulation im Handel des In- und Auslandes angewiesen sind. Viertens, daß ich nicht gebeten habe, sie in den Staats-Cassen annehmen zu müssen, wie dies bei der Wiener, Münchener und anderen Banken der Fall ist, wodurch sie die Natur des Papiergeldes annehmen würden. Fünftens, daß ich beantragt habe, durch einen Regierungs-Commissär den Betrieb und die der Institution auferlegten Verpflichtungen controliren zu lassen.

Eine Bank, die keine Noten auszugeben befugt ist und die dem Publikum zu billigen Zinsen Darlehen geben soll, was doch ihre Bestimmung ist, gewährt weder den Capitalisten irgend einen Nutzen, noch kann sie ihre Hauptaufgabe erfüllen, die Circulations-Mittel in jedem Augenblick, wo das Bedürfniß dies fordert, zu vermehren. In einer solchen Bank ihre Fonds niederzulegen, werden die Capitalisten wenig Lust bezeigen, denn eine solche Bank ist nichts weiter als ein Banquierhaus, welches sich unter Aufsicht des Staats befindet.

Daß eine Bank bedeutende Administrations-Kosten fordert, ist bekannt, und gesetzt den Fall, daß sich zur Errichtung derselben ohne Befugniß von Noten-Ausgabe doch Unternehmer finden sollten, so werden diese sich gezwungen sehen das Gesetz zu umgehen, wie dies so häufig der Fall ist, und wodurch nur bewirkt wird, daß ein ungesetzliches Verhältniß befördert wird und der Regierung die Controle entgeht.

Ein Irrthum ist es, wenn Banknoten so oft als Papiergeld bezeichnet werden; diese Natur erhalten sie erst dann, wenn sie bei den Staats-Cassen für voll angenommen werden müssen. Banknoten sind nichts weiter als au porteur lautende Creditbriefe, gleichsam Dispositions-Scheine, deren Zahl beschränkt ist und die unter Controle der Regierung stehen, welche die Mittel in Händen hat, darüber zu wachen, daß die Valuta dafür stets im Tresor vorhanden sei. Eine Bank ohne Noten ist mit einem Heere zu vergleichen, welchem man keine Munition bewilligen will.

So gewiß es fest steht, daß in jedem in der Industrie vorgeschrittenen Staate Institutionen vorhanden sein müssen, welche den Gewerbtreibenden einen festen Credit zu mäßigen Zinsen sichern, eben so ausgemacht bleibt es, daß die baaren Geldmittel keines Landes, selbst des reichsten nicht, zureichen, um allein den Geldverkehr zu besorgen, und daß, wenn nicht durch Papiergeld und Banknoten die Circulations-Mittel vermehrt werden, keine Industrie aufkommen kann, wie sie das heutige Bedürfniß der Staaten erfordert. Wollte man endlich annehmen, die Ausgabe von Banknoten würde die weitere Ausgabe von Cassen-Anweisungen beengen, so liegt hierin ein entschiedener Irrthum; denn da letztere der Mehrzahl nach auf kleine Summen lauten, so ist der Kreis ihres Umlaufs vorzüglich auf den kleinen Verkehr angewiesen und auf den der Abgabepflichtigen zur Regierung. Durch Banken und die von ihnen ausgegebenen Banknoten wird unzweifelhaft der Handel und die Gewerbthätigkeit vermehrt, und in Folge dessen auch der innere Verkehr, wodurch wieder eine größere Summe Papiergeld nöthig wird.

Nach der Beseitigung einiger nur scheinbaren Bedenken sei es mir jetzt erlaubt, die gebieterische Nothwendigkeit der Errichtung von Privatbanken nachzuweisen, die directen Vortheile, welche diese versprechen und die Nachtheile, die aus der Verweigerung entspringen würden.

Daß gegenwärtig dem Ackerbau, dem Handel und den Gewerben eine Menge zu ihrem Betriebe nöthiger Capitalien entzogen sind, um zum Bau von Eisenbahnen und zu Börsen-Speculationen verwandt zu werden, ist factisch, und je länger dieser Zustand dauert, um so größer wird die Verlegenheit der producirenden Classen werden, und um so zahlreicher die Opfer, die in Folge derselben fallen.

Ein Hohes Staats-Ministerium bitte ich nun zu erwägen, wie besorglich es, abgesehen von der Pflicht die zweckdienlichsten Mittel zu ergreifen, die Noth zu entfernen und den Wohlstand zu fördern, erscheint, wenn da, wo schon die politische und religiöse Aufregung eine solche Höhe erreicht hat, als bei uns, noch eine Gefährdung der materiellen Interessen hinzutreten sollte. Nach meiner Ueberzeugung liegt in der Förderung der materiellen Interessen das sicherste Schutzmittel gegen Volksbewegungen, die leider allenthalben in Aussicht stehen.

Welchen Eindruck muß es im Volke erwecken, wenn man sich überzeugt, die Regierung verweigere die nützlichsten Einrichtungen, während die übrigen deutschen Staaten vorgeschritten sind, und zwar zum Wohl ihrer Unterthanen und oft zum Nachtheile der preußischen.

Während unsere Regierung sich lange besonnen hat, die Concession zu Feuer- und Renten-Versicherungs-Anstalten zu ertheilen, ist eine solche Versicherungs-Bank in Gotha errichtet, deren Versicherungs-Fonds sich jetzt schon auf 400 Millionen belaufen, und die eine Macht bildet, gegen welche die hinterher in Preußen genehmigten gleichartigen Institutionen nicht mehr aufzukommen vermögen. In München ist seit längerer Zeit eine Zettel-Hypotheken-Bank errichtet, die sich großer Vorrechte erfreut und den Wohlstand des Landes befördert. In Wien und in Leipzig sind Zettelbanken gegründet, die dem wohlverstandenen Bedürfniß abhelfen, und die Zettel der Leipziger Bank, wie die der Dresden-Leipziger Eisenbahn sind in Preußen einheimisch geworden. Nur Preußen allein, welches in Deutschland vorangehen sollte, bleibt zurück. Natürlich fragt der ganze gebildete Theil des Volks nach der

Ursache. Daß es der preußischen Verwaltung an der Intelligenz fehlen sollte, einzusehen, was ganz Europa, Rußland ausgenommen, längst erkannt hat, glaubt Niemand. Man sucht daher die Ursache in der Gleichgültigkeit der Verwaltung gegen die Noth des Landes oder in dem büreaucratischen Geiste, der Alles bevormunden, Alles und selbst die Industrie in Fesseln zwingen will, die Preußens Größe und die Wohlfahrt des Landes untergraben würde.

Inzwischen ist in neuester Zeit ein Ereigniß eingetreten, welches unmöglich unbeachtet bleiben kann. Der Herzog von Dessau hat die Concession zur Errichtung einer Bank in seiner Residenz jetzt wirklich ertheilt. Der erste Entwurf war fabelhaft, ist aber sehr bedeutend bei der Ertheilung einer wirklichen Concession modificirt, und es unterliegt keinem Zweifel, daß es das Signal werden wird zu neuen Banken auf den bedeutendsten Punkten in Deutschland.

Nicht verschweigen darf ich es, daß die Bank von Dessau, in geschickte Hand genommen, den Unternehmern weit größere Vortheile verspricht, als die von mir beantragte, und daß, wenn die Regierung die ihr gemachten Anträge abweisen oder verzögern sollte, die preußischen Banquiers und großen Capitalisten sich vielleicht bei jener betheiligen werden und dies das Geld, an dem es ohnehin schon fehlt, noch außer Landes führen wird. Ja nach meiner Kenntniß von dem Verhältniß würde Preußen, wenn es die Concession zu Zettelbanken jetzt verweigern wollte, doch sehr bald durch die Umstände gezwungen werden, sie zu ertheilen; aber dann zu spät und den übrigen Banken untergeordnet, wie es mit der Gotha'schen Bank der Fall ist.

Jetzt hat die Regierung es noch in ihrer Hand, zugleich große nationale und politische Zwecke zu fördern, sich die öffentliche Meinung im In- und Auslande zu erhalten, sich durch die Berliner Bank der Dessauischen gewissermaßen zu bemeistern und den ganzen Geldverkehr nicht allein der preußischen Monarchie, sondern von Deutschland zu beherrschen. Nach meiner festen Ueberzeugung würde dies eine größere politische Wichtigkeit haben als der Zollverein selbst, da das Fortbestehen desselben fortwährend an Bedingungen geknüpft bleiben wird, die leicht große Opfer fordern könnten.

Gewiß ist es, daß wer die materiellen Interessen beherrscht, die Macht in Händen hat; die materiellen Interessen beherrscht aber wiederum das Geld, und einen der größten Fehler, welchen die preußische Regierung begehen könnte, wäre der, wenn sie sich jetzt unentschlossen zeigte, die Mittel zu einem großen Einfluß aus der Hand gebe und sich Deutschland noch mehr unterordnen wollte, als es schon der Fall ist.

Als ich vor 25 Jahren des hochseligen Königs Majestät einen allgemeinen Bankplan für Preußen vorlegte, fand dieser die heftigste Opposition von Seiten der Verwaltung. Die Antwort des Königs, die ich darauf erhielt, war: daß der Plan ihm zu umfassend und daher bedenklich erscheine, daß er jedoch probeweise auf die Errichtung einer Bank von Pommern eingehen wollte, weshalb auch die Concession auf meinen Namen ausgestellt ward.

Diese Probe ist nun trotz aller Anfeindung glücklich ausgefallen und es herrscht nur eine Stimme über ihren Nutzen. Sollte dieser Umstand allein nicht schon einen Beweggrund abgeben, und um so mehr, da sich seit der Errichtung jener Bank die Staats-Einnahmen dort über 1½ Millionen vermehrt haben?

Meine ganz gehorsamste Bitte an Ein Hohes Staats-Ministerium richte ich nun dahin, in Berücksichtigung der mannigfachen hohen und allgemeinen Interessen, welche die Annahme eines umfassenden Banksystems dem Lande verspricht, dieses bei Seiner Majestät dem Könige als das Staats-Interesse fördernd zu bevorworten.

Indem ich diese Bitte stelle, fühle ich mich verpflichtet, die hohe Versammlung mit dem Plane in großen Umrissen, — denn das Specielle gehört wohl zur Competenz der betreffenden Ministerien, — bekannt zu machen, welcher nach meiner Ueberzeugung verfolgt werden muß.

In meiner Immediat-Eingabe habe ich nur um die Errichtung einer Bank von Berlin gebeten, aus dem einfachen Grunde, weil mir zu weiteren Anträgen die Autorisation fehlte, und ich mich dadurch vom practischen Boden entfernt haben würde. Seitdem haben sich jedoch in allen Provinzen Stimmen für Banken erhoben und vorläufige Comités gebildet, so daß wohl nicht mehr von einer einseitigen Local-Bank für Berlin die Rede sein kann, sondern von Errichtung ähnlicher Institutionen in den wichtigsten Plätzen der Monarchie und ihrer Verbindung unter einander.

Die nächste Erwägung der höchsten Behörden würde wohl darauf gerichtet sein müssen:

erstens, soll eine National-Bank für die preußische Monarchie errichtet werden, die ihren Sitz in Berlin hat, und sich durch Filiale über die ganze Monarchie verbreitet? oder

zweitens, sollen in den Hauptplätzen der Monarchie selbstständige Schwester-Banken errichtet werden, welche nur unter sich in gewissen, näher zu bezeichnenden Punkten in Beziehung zu einander stehen?

Für Ersteres erklären sich die großen Banquiers von Berlin, für Letzteres, so viel mir bekannt ist, die Provinzen. — Was mich betrifft, so muß ich mich von vorne her gegen den Namen „National-Bank" erklären, so angenehm dieser Klang auch Manchem erscheinen mag.

Ohne alle Frage ist Berlin schon jetzt in Deutschland derjenige Platz, auf welchem sich die meisten müßigen Capitalien befinden und bewegen, der Handel von Berlin ist verhältnißmäßig zu unbedeutend, um sie zu beschäftigen, sie wenden sich mithin vorzugsweise dem Papierhandel und dem Börsenschwindel zu. Hierdurch wird Berlin schon im Voraus als Centralplatz des Geldumlaufs von Deutschland gestempelt und es hat selbst die höchste politische Wichtigkeit, daß die Börse von Berlin in Hinsicht des Geldes das für Deutschland werde, was die Börsen von London und Paris für England und Frankreich sind. Soll Letzteres aber erfolgen, so muß die Bank von Berlin Filial-Banken und Agenturen in den Hauptverkehrs-Plätzen Deutschlands errichten, wozu man geneigt ist, wie ich aus Anfragen, die bei mir gemacht sind, weiß. Ein großer Anstoß würde es aber bei der bekannten Stimmung in Deutschland und bei der Eifersucht der deutschen Fürsten sein, wenn die Bank den Namen „preußische National-Bank" führte.

Eben so wenig der Name „National-Bank" zweckmäßig ist, eben so wenig scheint es mir, daß die unbedingte Centralisation es sei; sie vermehrt die Gefahren, welchen Banken ausgesetzt sind, und der Nutzen, den diese Centralisation haben soll, ist durch Schwester-Banken eben so vollständig zu erreichen.

Einen der Nachtheile, welchen Banken, mit sehr großen Fonds ausgestattet, haben können, und der vor Allem vermieden werden muß, liegt darin, daß sie möglicherweise einen zu überwiegenden Einfluß auf den ganzen Verkehr gewinnen. Wenn die Bank von Berlin ausschließlich ein Netz von Filial-Banken und Agenturen über das ganze Land verbreitete und mit 100 Millionen Capital und 100 Millionen Banknoten, welche erforderlich sein möchten, den Verkehr belebte, so würden zwar der Ackerbau, der Handel und die Gewerbe einen nicht geahneten Aufschwung erhalten. Inzwischen würde eine solche Bank auch die Macht in Händen haben einzelne Provinzen zu begünstigen, die anderen zu vernachlässigen, sie würde ihre Capitalien auf diejenigen Punkte hinwerfen, wo sie ihr Geld am höchsten nutzte; während die Regierung das Interesse hat, daß die Capitalien denjenigen Provinzen zuströmen, in welchen sie den National-Wohlstand am meisten fördern.

Eine zweite, wichtige Besorgniß erhebt sich gegen die zu große Centralisation. Wir wollen bei dem beispielweise angeführten Fall stehen bleiben, daß der steigende Verkehr demnächst 100 Millionen Stamm-Capital und 100 Millionen Banknoten gefordert hätte, von welchen letzteren ¾, mithin 75 Millionen in Umlauf wären, 25 Millionen baar im Tresor aufbewahrt würden, so könnte beim Ausbruch eines Krieges der Fall eintreten, daß der größte Theil dieser Noten zur Realisation bei dem Central-Comtoir präsentirt würde. Da aber die Fonds der Mutter-Bank in den Töchter-Banken und Agenturen vertheilt sind, woher sollte die Hauptbank die disponiblen Fonds nehmen, die Realisation so prompt zu bewirken.

Diese und noch einige andere, minder wichtige Nachtheile werden vermieden, wenn das System von Schwester-Banken angenommen wird, und in Cöln, Münster, Breslau, Posen, Danzig, Königsberg und Stettin Schwester-Banken entstehen, die mit eigenen Fonds ausgerüstet, für eigene Rechnung und Gefahr ihre Geschäfte betrieben, zugleich aber unter einander in enge Geschäftsverbindungen treten; hierdurch würde die Besorgniß der Monopolisirung schwinden und der Regierung eine größere Einwirkung bewahrt werden.

Was das zweite vorhin erwähnte Bedenken, die Realisirung der Banknoten anbelangt, so würde sich letztere dann, statt im erstern Fall auf einen Platz zu concentriren, auf acht vertheilen, von welcher jeder die statutenmäßigen Mittel zur Realisirung besitzen würde und weil das Publicum weiß, daß die Mittel zur Realisation vorhanden sind, diese wahrscheinlich nicht fordern.

Was die von den verschiedenen Banken auszustellenden Noten betrifft, so müssen sie zwar nach ein und demselben Modell angefertigt sein, sich jedoch durch die Farbe des Papiers und durch den aufgedrückten Stempel des Orts, wo sie statutenmäßig realisirt werden müssen, unterscheiden. Daß dessenungeachtet in Friedenszeiten die verschiedenen Banken die Noten der andern freiwillig realisiren, liegt in ihrem eigenen und allgemeinen Interesse, und würde das, mit so vielem Glücke angewandte Austausch-System der schottischen Banken dabei zu befolgen sein.

Doch ich würde zu fehlen glauben, wenn ich ein Hohes Staats-Ministerium mit anderen Punkten als den ganz allgemeinsten behelligen wollte; inzwischen muß ich am Schluß noch einen berühren, der auf den Entschluß einer hohen Versammlung der ersten Staatsmänner der Monarchie nicht ohne Einfluß bleiben wird.

Es ist wohl nur eine Stimme darüber, daß außer den fünf Großmächten es bisher noch eine sechste gegeben hat, deren Repräsentant Rothschild ist, und wie uns dieser in den früheren Nöthen des Landes zu beschatzen verstand, ist im Gedächtniß, die Armuth mancher Provinz giebt noch jetzt Zeugniß davon.

Um sich von dieser Großmacht, im Fall eines künftigen Krieges unabhängig zu machen, sich ihr nicht wieder auf Discretion übergeben zu müssen, ihre Dienste nicht von Neuem mit 40 pCt. zu erkaufen, giebt es nur ein Mittel: die Gründung von Privat-Zettelbanken mit großen eigenen Fonds.

England hat in den langen Kriegen gegen Napoleon die Privatbank von London und die von ihr ausgegebenen Noten gerettet, ja ohne diese hätte England dem Continent keine Subsidie zahlen können, und wer weiß, wer jetzt Europa beherrschte.

Frankreich dankt die Erhaltung seines Staats-Credits dem hohen Cours seiner Milliarden von Staatspapieren, der Privatbank von Frankreich und den Zetteln, die sie ausgiebt.

Oesterreich, dessen jährliches Budjet eine Minus-Einnahme nachweiset, weil die fruchtbarste Hälfte der Monarchie keine Abgaben zahlt, schuldet die Erhaltung seines jetzigen Credits der Privat-Bank von Wien und den 150 Millionen Gulden Zetteln, die diese ausgiebt, und die es in der Noth seines Herzens zu einem Staatspapier gestempelt hat.

Preußen, welches neben diesen Reichen eine Macht ersten Ranges behaupten will und muß, steht in Hinsicht der inneren Ressourcen, des Umfanges, der Abrundung und der Bevölkerung des Reichs diesen so weit nach, daß es nur durch die Concentration seiner Kräfte und durch die größere Intelligenz seine Stellung erhalten kann. Preußen allein ist in einem der wichtigsten Punkte, in der Förderung der materiellen Wohlfahrt des Landes durch Sicherung des Credits der Nation und der Regierung zurückgeblieben, hat dreißig Friedensjahre unbenutzt gelassen und bedenkt sich noch jetzt! —

Ein großer Theil der Monarchie, die östlichen Provinzen, befinden sich in einem so hülflosen Zustande, daß von ihnen im Fall eines Krieges nur Soldaten gefordert werden können. (Das Geld, und mit diesem der Credit ist dort verschwunden.) Zwar mag der auf Kosten des Verkehrs, dem er die Circulations-Mittel entzog, angesammelte Staatsschatz so gefüllt sein, um im Fall des Krieges das Heer mobil zu machen; wovon soll dann aber der Krieg geführt werden? Man sagt der Krieg ernährt den Krieg; dies Sprüchwort, was sich aus der Zeit der Lanzenknechte erhalten hat, paßt nicht mehr, und auf Sprüchwörter baut man nicht die Wohlfahrt der Staaten.

Was bleibt im Fall des Krieges daher übrig? Anleihen zu negociiren, und hat man es versäumt in Zeiten des Friedens die Möglichkeit vorzubereiten diese zu finden, so fällt man den Geldmännern und ihrem Wucher in die Hände; während, wenn man das Geld im eigenen Lande borgen kann, ein

Theil der Unterthanen um so viel reicher, als die Gesammtheit ärmer wird, mithin der National-Wohlstand ziemlich derselbe bleibt.

Diese Gründe wiegen so schwer, daß ich fest überzeugt bin, Ein Hohes Staats-Ministerium wird, da ihm die Sorge für das Heil der Monarchie und des erhabenen Hauses, welches diese beherrscht, anvertraut ist, sie nicht unbeachtet lassen.

Ein Hohes Staats-Ministerium, so vertraue ich, wird die offene und freimüthige Sprache, mit welcher ich meine Ansichten vorgetragen habe, nicht mißdeuten können, und wenn es auch nicht die Stimme eines Beamten ist, so kommt sie von Jemand, der den lebhaftesten Antheil an dem Wohle des Vaterlandes nimmt, und der 35 Jahre hindurch das Finanzfach zum Gegenstande seiner Erforschungen gemacht hat.

C.

Mit Allerhöchster Genehmigung

überreichter

Entwurf zum Grundgesetz einer Bank von Berlin.

Dauer des Privilegiums*).

Se. Majestät der König wollen geruhen, dem Comité, gebildet zum Zweck der Errichtung einer auf Aktien gegründeten Privat-Zettelbank für Preußen, die Concession dazu auf einen Zeitraum von 50 Jahren zu ertheilen, und findet der §. 6.

*) a. Die Wiener Bank hat ihr Privilegium auf 25 Jahre erhalten; ein langer Zeitraum, wenn erwogen wird, daß ihre Noten in allen kaiserlichen Kassen angenommen werden müssen, und dadurch Papiergeld des Staats werden.

b. Die Münchener Zettelbank hat ihr Privilegium auf 90 Jahre erhalten (dies war nothwendig, da sie eigentlich eine Hypothekenbank ist); das Statut der baierschen Bank enthält aber große Mängel, und die Regierung setzt sich entschieden Gefahr aus, indem sie die Noten zu einem Papiergeld des Staats gemacht hat.

des Gesetzes über Aktien-Gesellschaften vom 9. November 1843 hierauf keine Anwendung. Die Bedingungen, unter welchem diese Concession gegeben wird, und die Rechte und Pflichten, welche der Societät auferlegt werden, enthält der nachstehende Entwurf.

Titel I.

Von der Errichtung der Bank, ihren Fonds und auszugebenden Banknoten.

§. 1.

Mit Allerhöchster Genehmigung Sr. Majestät des Königs errichten die, demnächst namhaft zu machenden Unternehmer auf Aktien die Bank von Berlin (oder die Preußische Landes-Bank).

§. 2.*)

Diese Bank erhält durch Einschüsse der sich dazu verpflichtenden Theilnehmer, welche 25,000 Aktien à 1000 Thlr. zeichnen, einen Kapitalsstock von 25 Millionen Thaler.

---

*) Jeder, der mit den Geldbedürfnissen des Landes, mit der Höhe der Bedrängnisse auf den Börsen der Monarchie nnd mit dem beklagenswerthen Mangel an Circulationsmitteln nur einigermaaßen vertraut ist, wird sich überzeugen, daß nur eine Summe von 25 Millionen baaren Geldes und circa 25 Millionen Banknoten, also eine Gesammtsumme von 50 Millionen neu herbeigeschaffter und neu geschaffener Circulationsmittel der allgemeinen Bedrängniß wirksam entgegentreten kann, und daß selbst diese Summe unzureichend sein würde, wenn erst die Filialbanken in allen Theilen der Monarchie eingerichtet sein werden

§. 3*).

Sobald ein Kapital von 10 Millionen Thaler gezeichnet und die im §. 5. bestimmte Baarzahlung von 20 prCt. erfolgt sein wird, kann sich die Bank als constituirt betrachten.

§. 4.

Eine Verminderung des im §. 2. bestimmten Kapitalsstocks kann nie erfolgen, eine Vermehrung nur auf Antrag

---

Eine Summe von 10 Millionen neuer Banknoten, von der Königlichen Bank in Circulation gesetzt, kann keinen anderen Einfluß auf den Geldverkehr der Monarchie üben, als daß dadurch der augenblicklichen Verlegenheit in Berlin abgeholfen wird, und der Regierung, welche hier ihren Sitz hat, ein Schirm vorgehalten wird, damit sie das Elend der übrigen Theile der Monarchie nicht erblicke.

Abgesehen von dem höchst bedenklichen Eindruck, den es auf das ganze Land machen würde, wenn die Regierung statt zu helfen, wo es ihr so leicht gemacht wird, durch Erweiterung des Geld-Monopols der Bank die Hülfe auch für die Zukunft abschneiden sollte, so wird die Regierung dadurch bei der ersten ernstlichen äußeren oder inneren Bewegung in so große finanzielle Verlegenheit gerathen, daß nicht zu berechnen ist, wozu das führen kann und wird.

*) Die Zeichnung der ersten 10 Millionen darf nicht der allgemeinen Concurrenz Preis gegeben, sondern es muß bei dieser besonders Rücksicht auf die Personen genommen werden. Stehen an der Spitze lauter solide, geachtete und gekannte Namen von Banquierhäusern, Kapitalisten und großen Grundbesitzern, so wird dadurch von vorne herein das Vertrauen für das Institut gewonnen sein. Die Zeichnung der weiteren 15 Millionen kann dann ohne Besorgniß der allgemeinen Concurrenz Preis gegeben werden.

der gesetzlichen Organe der Institution und mit Genehmigung der Regierung.

§. 5 *).

Als Prinzip wird angenommen, daß die Einschüsse des Fundations-Kapitals der Bank mit 20 pr. Ct. bei Unterzeichnung der Aktien, und demnächst nach und nach, in Terminen von zwei zu zwei Monaten jedesmal mit 20 pr. Ct. erfolgen; inzwischen wird es von dem Beschluß der Gesellschaft abhangen, diese Termine, wenn das Bedürfniß es fordert, abzukürzen. Nach Einzahlung von 20 pr. Ct. baar und genügender Deckung anderweitiger 20 pr. Ct. erlangt der Aktienzeichner den Besitz der Aktien und die Disposition über selbige.

§. 6 **).

Die Bank ist befugt Banknoten auszugeben, und zwar in Apoints von 20, 25, 50, 100 und 500 Thalern, und übernimmt die Verpflichtung sie jederzeit baar zu realisiren.

§. 7.

Die Höhe der Summe der in Circulation zu bringenden Banknoten kann nur proportionell angegeben werden und richtet sich nach der Höhe der Fonds der Bank. Als Prinzip wird angenommen, daß außer dem Realisationsfonds, von

*) Diese Bestimmungen sind unerläßlich, denn durch zu große und zu rasche Einschüsse würde in dem jetzigen Moment die Geldcrisis ohne Nutzen nur noch vergrößert werden.

**) Da die Leipziger Bank 20 Thaler-Noten ausgiebt, die hier sehr häufig circuliren, so scheint es nöthig, auch auf dieselbe Höhe herunterzugehen.

welchem der nächstfolgende §. 8. handelt, nur so viele Banknoten ausgegeben werden dürfen, daß immer noch wenigstens 30 bis 40 pr. Ct. Stamm-Vermögen der Bank zu mehrerer Deckung der Banknoten verblieben.

§. 8.

Zur Sicherung der Inhaber von Banknoten wird bestimmt, daß der Werth der ausgegebenen Banknoten jederzeit in einem, von den übrigen Fonds der Bank gesonderten Tresor aufbewahrt werden muß, und zwar zu 25 bis 33⅓ pr. Ct. in baarer Valuta (von welcher mindestens ¾ in Preußisch Courant und höchstens nur ¼ in baarem Golde bestehen darf), zu 66⅔ bis 75 pr. Ct. in jederzeit leicht zu versilbernden Effecten.

Was unter leicht zu versilberndern Effecten verstanden wird, darüber hat zu entscheiden das Collegium der Bank, bestehend aus den Directoren der Bank, dem Curatorium und dem Kanzler, als Königlichem Kommissar (Siehe Titel VII). Im Fall einer Meinungsverschiedenheit zwischen den Vertretern der Bank und dem Königl. Kommissar, welche Objecte zu den leicht zu versilbernden gerechnet werden können, steht den hohen Behörden die Entscheidung darüber zu.

§. 9.

Die Aktionaire der Bank begeben sich der Disposition über die eingeschlossenen Aktien-Valuta und erwerben dagegen die statutenmäßigen Societätsrechte.

Titel II.

Von den Geschäften, zu welchen die Bank berechtigt ist.

§. 10.

Die Bank ist befugt: Darlehne zu geben und zu nehmen, namentlich

a. Disconto-Geschäfte zu machen. Die Wechsel dürfen aber nicht länger als drei Monate laufen und müssen von drei guten Häusern gezeichnet sein.

b. Lombard-Geschäfte einzugehen, Waaren und Effekten zu beleihen, aber ebenfalls nur auf drei Monate.

c. Auf trockene Wechsel gegen drei Unterschriften Geld zu borgen, aber nicht länger als auf 90 Tage.

d. Hypotheken zu beleihen. Siehe §. 11.

e. Sie ist befugt zum Giro-Geschäft. (Einkassirung der ihr übergebenen Effecten und angewiesenen Zahlungen und Abführung derselben nach gegebener Disposition.)

f. Grundstücke zu kaufen und zu besitzen, insofern diese zum Dienst der Bank erforderlich sind; namentlich Häuser zum Betriebe ihres Geschäfts.

g. Ferner auch solche Grundstücke zu besitzen, die ihr als ein nicht eingelöstes Pfand anheimfallen sollten; jedoch mit der Verpflichtung diese in kürzester Zeit öffentlich zu versteigern.

h. Endlich zum Handel in Gold und Silber, sowohl in Barren als in fremden Münzen.

Welche Sicherheits-Maaßregeln bei diesen, unter a bis g

zu machenden Geschäften nöthig scheinen, ohne diese zu läh-men, schreibt die demnächst vom Curatorio an die Direction zu erlassende Geschäfts-Instruktion vor, welche der Bestätigung des Kanzlers der Bank bedarf.

§. 11 *).

Nach d des vorigen §. ist die Bank befugt Gelder auf Hypotheken auszuleihen.

*) Die Bestimmungen dieses §. verdienen unstreitig die allergrößte Beachtung. Der Einfluß der Banken auf die Belebung des Verkehrs, auf die Förderung des Wohlstandes der Nation ist allgemein anerkannt; daher sollte sich auch ihr Einfluß auf alle Klassen erstrecken, und nicht, wie es gewöhnlich der Fall ist, die Grundbesitzer ausgeschlossen bleiben. Zwar sind es eigentlich die landschaftlichen Credit-Institutionen, die von einem großen König zu diesem Zweck ins Leben gerufen wurden, die auch am geeignetsten dazu sind, den Grundbesitzern einen soliden Credit zu sichern; allein die Convertirung der Pfandbriefe hat hierin eine Aenderung bewirkt.

Ein Papier, welches nur 3½ Procent Zinsen trägt, und während es von Seiten der Gläubiger unkündbar ist, von Seiten der Schuldner jederzeit gekündigt werden kann, sagt den Kapitalisten so wenig zu, daß nur die alte Vorliebe für dies Papier es erklärt, wenn es bis jetzt wenige Procente unter pari gefallen ist. Niemand kann es sich aber verhehlen, daß wenn die Pfandbriefe durch neue Aufnahmen vermehrt werden sollten, ihr Cours sehr tief sinken muß. Da der Grundbesitzer aber, wenn er die Pfandbriefe etwa zu einigen 90 Procenten ausgeben müßte, bedeutend am Kapital verlöre, so entgeht ihm dadurch die Hülfe, welche die Pfandbriefs-Institution ihm gewähren soll; sie hört auf eine zu sein, so wie die Anleihe mit Kapitals-Verlust verbunden ist.

Dem Sinken der Pfandbriefe wird nun durch die Bestimmun-

Die diesem Zweck gewidmeten Summen werden auf 20 pr. Ct. ihres Kapital-Vermögens oder 5 Millionen Thaler normirt.

Diese Summe ist ausschließlich bestimmt, unter Bewahrung der gehörigen Vorsichtsmaaßregeln, auf Grund und Boden zum festen Zinssatz von 4 pr. Ct. ausgeliehen zu werden, und zwar etwa ⅓ bis zur Hälfte der obigen Summe zur Ausführung großer Landeskulturen gegen eine Amortisationsrate von mindestens 2 pr. Ct.

Ein zweites Drittel der obigen 5 Millionen oder circa 1,666,000 Thaler sollen vorzugsweise dazu verwandt werden, den Cours der Pfandbriefe, insofern es ohne bedeutenden Kapitalsverlust geschehen kann, auf Pari zu erhalten; jedenfalls übernimmt die Bank die Verpflichtung, die in den verschiedenen Provinzen der Monarchie neu ausgefertigten Pfandbriefe bis zur Höhe des diesem Zweck gewidmeten Kapitals auf Antrag der Pfandbriefs-Direction zu Pari abzunehmen.

Titel III.

Von den Geschäften, zu welchen die Bank theilweise ermächtigt werden kann.

§. 12.

Der Bank wird es gestattet und sie ist verpflichtet, in Uebereinstimmung mit der Staats-Regierung Filialbanken

gen des obenstehenden §. jedenfalls sehr bedeutend entgegengewirkt, und dadurch vorgebeugt, daß die Verschleuderung der Rittergüter nicht weiter um sich greift.

und Agenturen in geeigneten Plätzen der Monarchie zu errichten.

§. 13.

Die Bank ist befugt mit der Regierung, wenn diese es wünscht, und die Organe der Gesellschaft es angemessen finden, Geschäfte einzugehen, jedoch immer unter der Voraussetzung, daß weder der zur Sicherung einer prompten Realisirung der Banknoten bestimmte Fonds vermindert, noch die der Belebung des Verkehrs gewidmeten Mittel wesentlich geschwächt werden.

§. 14.

Ihre Fonds in Staatspapieren, Pfandbriefen oder Eisenbahn-Aktien auf Speculation anzulegen, ist der Bank untersagt; dagegen ist sie befugt diejenigen Pfandbriefe, die sie nach §. 11. unter 1. ad c. zu übernehmen verpflichtet ist, so lange zu behalten, als ungünstige Börsen-Konjunkturen den Verkauf mit Verlust verbinden würden.

§. 15.

Alle übrigen, hier nicht benannten Geschäfte sind der Bank untersagt.

Titel IV.

Von den Vorrechten der Bank.

§. 16.

Die Bank hat das ausschließliche Recht Noten auszugeben.

§. 17.

Die Bank-Societät hat das Recht einer öffentlich privilegirten Corporation.

§. 18 *).

Den Beamten der Bank kommt die Eigenschaft und der Glaube öffentlicher Beamten zu, und den von ihrer statutenmäßigen Administration aufgenommenen und ausgefertigten Verhandlungen und Urkunden wird die Eigenschaft und Gültigkeit öffentlicher Dokumente beigelegt.

§. 19.

Die Aktien-Bescheinigungen und Bankscheine sind frei von der Stempelabgabe. Hinsichts der sonstigen Stempel-Entrichtung im inneren Verkehr der Bank, sollen ihr dieselben Vortheile durch ein besonderes Abkommen mit dem Königlichen Finanzministerium zugewendet werden, wie solches bei der Königlichen Hauptbank stattfindet.

In ihren Prozessen als Institut genießt die Privatbank für Berlin die Sportelfreiheit.

§. 20.

Der Bank wird bei den Geldversendungen mit der Post an die Filialbanken und Agenturen eine näher zu bestimmende Portoermäßigung bewilligt, und bei der Correspondenz mit ihren Beamten und Agenten die Portofreiheit verliehen werden.

---

*) Alle nachstehenden Punkte sind auch der pommerschen ritterschaftlichen Privatbank bewilligt.

Dieser Fall der Befreiung ist auf den Adressen zu bemerken, und sind diese mit dem öffentlichen Siegel der Beamten der Societät zu versehen, welches sie mit der Umschrift führen:

„Kuratorium (oder Directorium) der Bank von Berlin",
sowie die Kommissarien der Societät mit der Umschrift:

„Bank von Berlin",
als der alleinigen Firma, deren sich die Bank-Societät bedienen kann.

§. 21.

Die im Privatverkehr mit der Post versandten Bankscheine genießen in Hinsicht der Versendung mit der Post die Rechte der Kassen-Anweisungen.

§. 22.

In Absicht der Besteuerung wird die Bank den landschaftlichen Kredit-Institutionen der alten Provinzen gleichgestellt; insonderheit auch bleibt sie wegen ihres kaufmännischen Verkehrs frei von der Gewerbesteuer.

§. 23.

Fremden Banken wird die Erlaubniß, in Preußen Filiale oder Agenturen zu errichten, nicht ertheilt werden.

Titel V.

Von der Verwaltung der Bank-Angelegenheiten.

§. 24.

Die gemeinschaftlichen Angelegenheiten der Societät werden theils durch die Bank-Direktion, theils durch das Kuratorium der Bank und theils durch Beschlüsse der Korporation in ihren General-Versammlungen besorgt und wahrgenommen.

§. 25.

Die Direktion der Bank führt die Verwaltung, die Kuratoren haben die Kontrole und die obere Leitung. Der General-Versammlung allein stehen die organischen Bestimmungen zu, so wie die Wahl der Kuratoren und die Entscheidung der Beschwerden über dieselben.

§. 26.

Die General-Versammlung der Aktionaire findet mindestens alle Jahre einmal statt; die 200 höchst Betheiligten bilden sie, müssen aber preußische Unterthanen sein.

§. 27.

Das Kuratorium besteht aus sechs von der General-Versammlung gewählten Aktionairen, einschließlich des aus denselben zu ernennenden Präsidenten; sie werden auf vier Jahre gewählt und sind wieder wählbar; die Hälfte unterliegt alle zwei Jahre einer neuen Wahl, daher auch in der ersten Periode nach zwei Jahren die Hälfte durch das Loos ausscheidet. Außerdem werden aus der Zahl der höchst Betheiligten jährlich zwölf Censoren gewählt, von welchen abwechselnd immer drei die Geschäfte kontroliren; wie oft die Censoren einander abwechseln sollen, hängt von der Bestimmung des Kuratorii ab.

9*

Der Präsident des Kuratorii wird auf zwei Jahre bestellt, ist aber bei der nächsten Wahl wieder wählbar.

§. 28.

Mit den Kuratoren der Bank konkurriren zur Beaufsichtigung derselben die von Sr. Majestät dem Könige zu ernennenden Königlichen Kommissarien, worüber der Tit. VII., von der Oberaufsicht des Staats, das Weitere bestimmt.

§. 29.

Die Bank-Direktion, welche in Berlin ihren Sitz hat, besteht aus drei Direktoren, welche vom Könige zu bestätigen sind; ferner aus dem Syndikus und dem Rendanten. Sie hat die Verwaltung der Bankgeschäfte, die Aufbewahrung und Berechnung ihrer Fonds, die Buchführung über die Antheile der Aktionaire und die Realisation der Banknoten.

Die Direktoren, der Rendant und der Justitiarius haben bei den Direktorial-Verhandlungen und Beschlüssen gleiche Stimmen.

§. 30.

Die eigentlichen Bankgeschäfte werden den drei Bank-Direktoren gemeinschaftlich übertragen. Sie haben die Rechte und Pflichten der Handlungs-Disponenten; mit jedem von ihnen können in dem ihnen zugewiesenen Fach kaufmännische Geschäfte gepflogen werden; die Ausfertigungen der Bank aber müssen mit der Unterschrift von allen dreien versehen sein, wobei es sich von selbst versteht, daß bei des Einen oder des

Anderen Verhinderung ein substituirter Beamter an die Stelle treten wird.

§. 31.

Der Syndikus der Bank ist der verantwortliche Rechts-Konsulent der Kuratoren und der Bank-Direktion.

§. 32.

Die Bank-Direktoren, der Rendant, Syndikus, Buchhalter und das übrige Personal, sind besoldete Beamte der Bank. Die Kuratoren werden für die Versäumnisse in ihren Privatgeschäften und für Reisekosten durch Diäten und Fuhrgelder entschädigt.

§. 33.

Die Bank ist befugt, die bei ihr eingelegten Pfänder, insoweit dieselben Kours bei der Berliner Börse haben, zur Verfallzeit, ohne daß es dazu der gerichtlichen Einklagung bedarf, an der vorgedachten Börse durch vereidete Mäkler verkaufen zu lassen, oder solche nach dem derzeitigen Börsencourse zu ihren Fonds einzuziehen.

Ein Gleiches findet in Hinsicht der als Pfand deponirten Waaren statt; auch ist sie ermächtigt die instruktionsmäßige Provision zu nehmen.

Titel VI.

Von den Pflichten der Bank.

§. 34.

Außer den in dem vorstehenden Entwurf der Bank auferlegten Pflichten wird ihr noch

a. die Verbindlichkeit auferlegt, alle Monate eine Uebersicht ihrer Geschäfte, der Summe der in Circulation gesetzten Noten, der baaren Geldvorräthe, des Aktiv- und Passivzustandes der Bank zu veröffentlichen,

b. sich den Bestimmungen des Gesetzes vom 9. Nov. 1843 über Aktiengesellschaften zu unterwerfen, in sofern nicht etwa in dem vorstehenden Statut eine Abänderung genehmigt ist.

Titel VII.

Von der Oberaufsicht des Staates.

Organisation der Oberaufsichtsbehörden.

1. Die vom Kuratorio der Bank Sr. Majestät dem Könige vorgeschlagenen Bank-Direktoren bedürfen der Allerhöchsten Bestätigung und zwar sowohl bei der Haupt- als bei den Filial-Banken.

2. Allerhöchstderselbe werden geruhen, einen Kanzler*)

---

*) Der deutsche Name Kanzler scheint dem eines Gouverneurs vorzuziehen zu sein. Durch die Stellung des Kanzlers zu dem Vice-Kanzler und den bei 4. aufgeführten Königl. Kommissarien erhält dieser eine heilsame Uebersicht des ganzen Geldverkehrs in der Monarchie, und kann zugleich einen wohlthätigen Einfluß auf diesen üben. Dabei sind seine Geschäfte nicht so umfangreich, um ihnen nicht neben seinen Staatspflichten genügen zu können. Dies rechtfertigt denn auch die Höhe der Remuneration. Der Gouverneur der Bank von Paris bezieht 60,000 Fr., die beiden Untergouverneure 30,000 Fr. Gehalt von der Bank.

der Bank und einen Vice-Kanzler zu ernennen. Beide dürfen aber ohne spezielle Erlaubniß Sr. Majestät des Königs keine Bankaktien besitzen.

3. Der Kanzler erhält aus den Fonds der Bank eine jährliche Remuneration von 8000 Thlrn., der Vice-Kanzler von 4000 Thlrn., einschließlich etwaniger Büreaukosten. Letzterer ist Stellvertreter des ersteren im Fall der Abwesenheit.

4. Die bei den Filial-Banken von Sr. Majestät dem Könige ernannten, mit der Controle beauftragten Regierungs-Commissarien erhalten aus den Fonds der Bank eine Remuneration von 500 bis 800 Thlrn. jährlich, nach Verhältniß der Bedeutung dieser Töchter-Banken.

5. Sowohl der Vice-Kanzler als die Königlichen Commissarien bei den Provinzial-Banken haben regelmäßig dem Kanzler die Resultate ihrer Revisionen zu berichten.

6. Bei den Provinzial-Banken stehen die Königlichen Commissarien zunächst unter dem Ober-Präsidenten der Provinz und sind verpflichtet, diesem ebenfalls Bericht abzustatten.

7. Dem Ober-Präsidenten steht bei Verletzungen der Statuten oder sonstigen Gefährdungen der öffentlichen Interessen das Recht zu, interimistisch einzugreifen; er bleibt aber dafür verantwortlich.

Umfang der Befugnisse der Oberaufsichts-Behörden.

8. Den Königlichen Behörden liegt zunächst die Aufgabe ob, auf strenge Erfüllung der statutarischen Bestimmungen zu wachen, namentlich:

a. daß in Hinsicht der Ausgabe der Banknoten das in §§. 7 u. 8 vorgeschriebene Verhältniß beobachtet werde;

b. daß für die ausgegebenen Banknoten der Werth in dem Tresor der Bank baar oder in stets leicht zu versilbernden Papieren niedergelegt sei;

c. daß nur solche Geschäfte gemacht werden, zu welchen das Statut der Societät die Erlaubniß ertheilt hat;

d. daß die in der, demnächst zu entwerfenden, Geschäfts-Ordnung bestimmten Normen beobachtet werden.

Die Controle in den oben bezeichneten Punkten gehört zu den Aufgaben des Vice-Kanzlers, und der Königlichen Commissarien bei den Filial-Banken. Denselben beaufsichtigenden Behörden steht die Befugniß zu, Einsicht von den Büchern zu nehmen.

e. Sowohl der Vice-Kanzler als die Königlichen Commissarien haben durch Handschlag an Eidesstatt zu geloben, keine Mittheilungen aus den Büchern der Bank an einen Dritten zu machen, mit Ausnahme ihres Vorgesetzten, des Kanzlers.

f. Der Vice-Kanzler und die Königlichen Commissarien bei den Filial-Banken halten regelmäßig, und wenn sie wollen, zu jeder Zeit Kassen-Revision, jedoch mit möglichst weniger Störung des Bankbetriebes.

g. Der Geschäftskreis und die Geschäftbefugnisse des Kanzlers der Bank erstrecken sich auf die nachfolgenden Punkte:

1) sich in der Uebersicht des ganzen Organismus und der

Operationen der Bank durch die Berichte der ihm untergeordneten Beamten zu erhalten.

2) Dem Kanzler steht das Recht zu, den Kuratoren- und General-Versammlungen selbst beizuwohnen, oder durch den Vice-Kanzler beiwohnen zu lassen; er hat aber nur eine rathgebende Stimme.

3) Alle Verhandlungen als Commissarius perpetuus der Regierung mit dem Curatorio zu leiten, namentlich:

α. wegen der zu errichtenden Filial-Banken und Agenturen, so wie der Fonds ihrer Ausstattung und der bei den Filial-Banken zu gewährenden Realisation der Scheine. *)

---

*) Die Beseitigung dieses Punktes ist von großer Wichtigkeit. Angenommen, es würden Filial-Banken in Cöln, Münster, Breslau, Posen, Königsberg und Danzig errichtet, so müßte der Kapitalsstock der Bank wenigstens auf 50 Millionen und eine angemessene Summe von Noten erweitert und nach der Bedeutung des Verkehrs auf diese Plätze vertheilt werden. Noten von verschiedener Gestalt zu diesem Behufe auszugeben, würde höchst unzweckmäßig sein und die Kontrole mindestens sehr erschweren. Da nun aber nothwendig eine Realisation der ausgegebenen Noten nicht nur bei der Hauptbank, sondern auch bei den Filial-Banken bestehen müßte, so können hieraus Verlegenheiten entstehen, die nachtheilig auf den Credit und auf den Umlauf der Noten einwirken. In den ruhigen Zeiten des Friedens würde sich dies beseitigen lassen, die Gefahr würde sich aber bei großen Handels-Krisen und ernsten politischen Ereignissen zeigen.

Da die Hauptbank in Berlin ihre Fonds zum Theil auf die Filial-Banken vertheilt hätte, so könnte sie auch unmöglich in ihrem β. Wegen derjenigen Effecten, die als jederzeit realisirbar zu betrachten sein würden.

4) Zum Ressort des Kanzlers der Bank gehören ferner die Prüfung und Genehmigung solcher Geschäfte, wozu die Einwilligung der Regierung nach der Bestimmung des Statuts nöthig sind.

5) Alle Verträge, welche die Bank, mit wem es auch sei, schließt, erhalten erst durch Mitunterschrift des Kanzlers ihre rechtliche Gültigkeit, namentlich ist dies beim Ankauf von Grundstücken der Fall.

6) Ihm steht das Recht zu, ein Veto, wenn er es für nöthig hält, einzulegen, wogegen dem Kuratorio der Recours an die vorgesetzte Behörde zusteht.

Tresor für die Gesammtsumme der Banknoten einen Realisations-Fonds bewahren, und den Fall als möglich gedacht, daß bei plötzlichem Ausbruche eines Krieges ihr die ganze Masse der Noten zur Realisation präsentirt würde, so müßten die Fonds dazu für den Augenblick fehlen. In eine ähnliche Verlegenheit könnten die Filial-Banken gerathen.

Um nun dieser möglichen Gefahr zu entgehen, und doch die nützliche und nothwendige Realisation in guten Zeiten zu fördern, giebt es ein geschicktes Auskunftsmittel, indem man die Banknoten, die den Filial-Banken zur Ausgabe überliefert werden, mit einem besonderen Stempel versähe, und daß die Filial-Banken, wenn der vorhin bezeichnete Fall eintreten sollte, dann nur die mit ihrem Stempel versehenen Banknoten zu realisiren verpflichtet wären. Also Breslau, Berlin, Cöln, jeder die seinigen u. s. w.

E. v. Bülow-Cummerow.

Allerunterthänigstes Promemoria.

Der Herr Justiz-Minister Uhden sprach in der Conferenz, der ich die Ehre hatte beizuwohnen, Besorgnisse für Unterbringung der Pupillengelder für den Fall aus, daß die Königliche Bank den Privatbanken gegenüber ihre Geschäfte einstellen müßte.

Angenommen nun — dem ich übrigens auf das Entschiedenste widersprechen muß, — die Königliche Bank könnte sich bei ihrer jetzigen Organisation neben einer Privatbank nicht halten, so würde sich bei einer Veränderung ihres Geschäftsbetriebes die vollkommen sichere Unterbringung der Pupillengelder doch bewirken lassen, und zugleich der Regierung eine bedeutende jährliche Einnahme zufließen. Die bei der Bank jetzt deponirten Gelder der Minorennen betragen 22,600,000 Thaler, welche mit 3 Procent verzinset werden. Wenn diese Gelder in Staatsschuldscheine verwandelt und im Tresor der Königlichen Bank niedergelegt würden, so gewönne die Regierung auf diese Summe, da Staatsschuldscheine $3\frac{1}{2}$ Proc. tragen, $\frac{1}{2}$ Proc., mithin bei geringen Verwaltungskosten jährlich einen Ertrag von ungefähr 100,000 Thlr., während jetzt die Bank durch das zinsfreie Darlehn von 2 Millionen aus dem Staatsschatz und durch den Zinsgenuß von 6 Millionen Kassen-Anweisungen einen jährlichen Zuschuß von ungefähr 300,000 Thlr. erhält. Aus dieser Maaßregel würde aber noch der große Nutzen erwachsen, daß dadurch 22 Millionen Staatsschuldscheine festgelegt würden, welches auf die Erhaltung des Courses derselben auf pari einen entschiedenen Einfluß haben müßte.

Gegen diesen Plan läßt sich einwenden, daß die Königl. Bank die Pupillengelder, wenn es verlangt wird, sofort auszuzahlen verpflichtet ist, und daß dann ein Theil des Bank-Personals überflüssig würde und vom Staate pensionirt werden müßte.

Zur Beseitigung dieser Einwendungen braucht nur der Landesbank die Verpflichtung auferlegt zu werden, die Auszahlung der Gelder zu übernehmen, so wie die eingehenden zu empfangen und sich darüber am Jahresschluß mit den Königlichen Bank-Beamten zu berechnen.

Man wird hiergegen einwenden können; daß dann die Königliche Bank als solche aufhöre zu bestehen, während sie doch bestimmt sei als das Banquier-Haus der Regierung deren Geldgeschäfte zu besorgen. Dieser Einwand ist leicht zu beseitigen, denn die eigentlichen großen Geldgeschäfte der Regierung sind ihr seit dem Gesetze vom 17. Januar 1820 abgenommen und einem zweiten Geldinstitute des Staates, der Seehandlung, übertragen. Hierdurch hat die Königliche Bank ihre ganze frühere Bedeutung als eigentliche Staatsbank verloren und zugleich alle die vortheilhaften Geschäfte mit der Regierung selbst, aus welchen sich die Zunahme der Fonds herschreibt, welche die Seehandlung doch nur vom Staate selbst gewonnen hat. Dazu rechne ich die englische Anleihe, die Prämien-Anleihe und den ihr für einen hohen Preis überlassenen großen Chausseebau.

Die Königliche Bank, gegen deren zweckmäßige Verwaltung in den ihr gezogenen Grenzen nichts zu erinnern ist, kann jetzt nur als eine Disconto-Bank, bestimmt, um die Pupillengelder zu benutzen, betrachtet werden, welcher Zweck aber auf die von mir vorgeschlagene Weise ebenfalls und vortheilhafter als jetzt erreicht wird, ja die Regierung selbst würde den größten Vortheil davon haben, wenn sie bei dieser Gelegenheit die Königliche Bank der Seehandlung unterordnete, und nach dem vorhin gemachten Vorschlage das dann etwa überflüssig erachtete Dienstpersonal der Königlichen Bank der beabsichtigten Privat-Zettelbank überwiese.

Der wichtigste Punkt, der hierbei zur Sprache kommt, ist und bleibt der, daß, nachdem man durch die Gesetze vom Jahre 1816 und 1820 die Geldmacht der Regierung in die Hände eines einzelnen Beamten zum größten Nachtheil des Verwaltungs-Organismus gelegt hat, man jetzt auch den ganzen innern Verkehr des Landes von dem Gutdünken eines Beamten abhängig machen will, der schon so oft uud neuerdings wieder durch sein feindliches Auftreten gegen die pommersche ritterschaftliche Bank und gegen die Eisenbahn-Unternehmungen dies bewiesen hat, während es seine Aufgabe ist, durch die ihm anvertraueten Staats-Institute dem Verkehr hülfreich zu sein, aber nicht hemmend entgegen zu treten.

Das Gesetz vom Jahre 1816 über die Organisation der Staatsbehörden, welches, wie ich nachweisen kann, unter dem Einfluß des jetzigen Ministers Rother auf Hardenberg und durch das Vertrauen, dessen sich dieser Allerhöchsten Orts erfreute, ohne Anhörung des Staatsministerii erlassen wurde, hat die Einheit der Finanzverwaltung bisher unmöglich gemacht, entzieht Sr. Majestät dem Könige die Uebersicht der Finanzen wie die höhere allgemeine Leitung, und ist Schuld, daß in den Finanz-Operationen der Regierung ein Entgegenarbeiter besteht, dessen verderbliche Wirkungen nicht ausgeblieben sind. Dies nachzuweisen, würde mir sehr leicht sein, wenn es hier der Ort wäre; nur kann ich nicht unbemerkt lassen, daß an diesem unglücklichen Verhältniß die Einsicht und der gute Wille so vieler bedeutender Staatsmänner neuerer Zeit gescheitert ist, welchen die Finanzpartie übertragen war, und daß hieran auch alle ihre Nachfolger scheitern werden. Jedenfalls würde es zweckmäßiger gewesen sein, dem Minister Rother die Finanz-Partie mit zu übertragen, dann hätte er nicht allein die Macht, sondern auch die Verantwortung.

Das Gesetz von 1820 dankt dem gleichen Einflusse sein eben so plötzliches Erscheinen wie das Gesetz von 1816. Graf Lottum erfuhr erst aus den Zeitungen, daß Rother an seiner Stelle Chef der Staatsschulden-Verwaltung geworden sei.

Ob es rathsam, ob es mit der Wohlfahrt des Staats vereinbar ist, auf dieser Bahn, noch weiter vorzuschreiten, einem Beamten nebst der gesammten Geldmacht des Staats auch die des Landes zu übertragen, kann wohl Niemand bezweifeln, dem König und Vaterland am Herzen liegt.

Gedruckt bei Julius Sittenfeld in Berlin.

FSC
www.fsc.org
MIX
Papier | Fördert gute Waldnutzung
FSC® C083411

Kolibri 360 GmbH
Ferdinand-Jühlke-Straße 7
99095 Erfurt, Deutschland
produktsicherheit@kolibri360.de